Couverture inférieure manquante

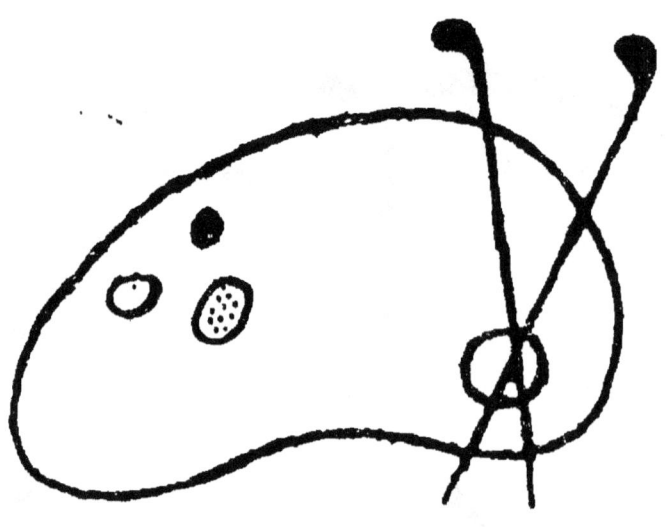

Début d'une série de documents
en couleur

AURÉLIEN SCHOLL

TABLEAUX VIVANTS

PARIS
BIBLIOTHÈQUE-CHARPENTIER
G. CHARPENTIER et E. FASQUELLE, ÉDITEURS
11, RUE DE GRENELLE, 11

1896

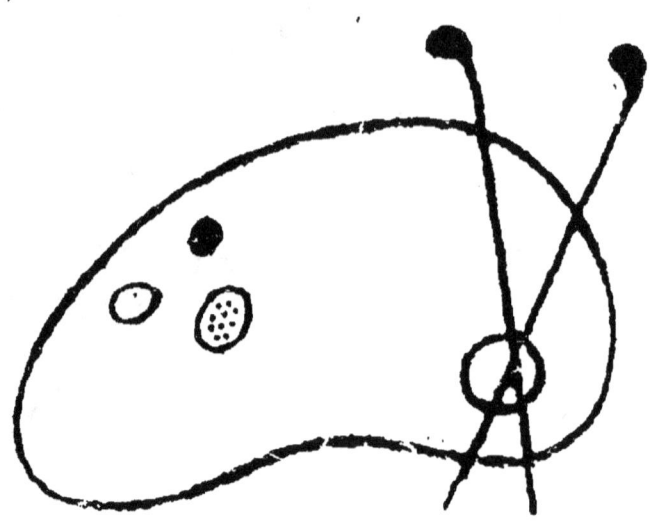

Fin d'une série de documents en couleur

TABLEAUX VIVANTS

Dans la BIBLIOTHÈQUE-CHARPENTIER
A **3 fr. 50** le volume

LES INGÉNUES DE PARIS (5e mille) . . . . 1 vol.

DU MÊME AUTEUR

LETTRES A MON DOMESTIQUE.	1 —
LES ESPRITS MALADES	1 —
DENISE, HISTORIETTE EN VERS	1 —
LES AMOURS DE THÉATRE	1 —
HÉLÈNE HERMANN.	1 —
LES CRIS DE PAON.	1 —
SCÈNES ET MENSONGES PARISIENS	1 —
LA FOIRE AUX ARTISTES.	1 —
LA DAME DES PALMIERS.	1 —
L'OUTRAGE	1 —
LES NUITS SANGLANTES	2 —
LES GENS TARÉS	1 —
LES AMOURS DE CINQ MINUTES	1 —
SCANDALES DU JOUR	1 —
FLEURS D'ADULTÈRE	1 —
FABLES DE LAFONTAINE FILTRÉES	1 —
L'ORGIE PARISIENNE	1 —
MÉMOIRES DU TROTTOIR.	1 —
PARIS EN CALEÇON	1 —
PARIS AUX CENT COUPS	1 —
PEINES DE CŒUR	1 —
LE ROMAN DE FOLLETTE.	1 —
L'ESPRIT DU BOULEVARD	1 —
LA FARCE POLITIQUE	1 —
ETC., ETC.	

Théâtre.

ROSALINDE.
JALOUX DU PASSÉ.
LA QUESTION D'AMOUR.
L'HÔTEL DES ILLUSIONS.
UNE VIEILLE LUNE.
LES CHAINES DE FLEURS.
ON DEMANDE UNE FEMME HONNÊTE.
LE REPENTIR.
LE NID DES AUTRES.
LA DANSEUSE DE CORDE.
L'AMANT DE SA FEMME.

En préparation :

LA FAILLITE DE L'AMOUR . . . . 1 vol.

SAINT-AMAND (CHER). — IMP. DESTENAY, BUSSIÈRE FRÈRES.

AURÉLIEN SCHOLL

TABLEAUX VIVANTS

PARIS
BIBLIOTHÈQUE-CHARPENTIER
G. CHARPENTIER et E. FASQUELLE, ÉDITEURS
11, RUE DE GRENELLE, 11

1896

TABLEAUX VIVANTS

LE BONHEUR D'ÊTRE FOU

Le colonel Beaumont de Thayré fut tué à la bataille du Mans. Sa veuve, restée seule avec un enfant de trois ans, prit le deuil pour ne plus le quitter. Elle se retira dans un petit domaine à quelques centaines de mètres de la mer, aux environs de La Rochelle.

Un corps de bâtiment formant un carré long, flanqué de deux tourelles recouvertes d'ardoises, un jardin, un petit bois au bout duquel se trouvaient la ferme et les bâtiments d'exploitation, c'est là que grandit Noël de Thayré, ne sortant de la maison que le dimanche et les jours fériés pour accompagner sa mère à la modeste église de Laleu.

A marée basse, l'enfant s'amusait à ramasser des coquillages dans le sable ou sur les rochers recouverts d'herbes marines, poussant des cris de joie quand il rencontrait quelques crevettes dans une flaque d'eau.

Mᵐᵉ de Thayré ne quitta jamais le deuil et l'enfant grandit avec la notion qu'une mère était une dame vêtue de noir.

Les enfants sont un petit monde à part; ils ont besoin les uns des autres pour se développer, pour jouer. Même quand ils savent à peine parler, ils se comprennent. C'est pourquoi le petit Noël, dès qu'il pouvait échapper quelques instants à la jalouse surveillance de sa mère, courait sur la route de Saint-Maurice pour y trouver des gamins et des petites filles qui couraient, dansaient et, pour se reposer, élevaient des monticules de sable.

Mᵐᵉ de Thayré l'envoyait vite chercher par un domestique ou une femme de service et Noël revenait tout en larmes. Une fillette, seule, fut admise au château. Elle se nommait Louise Lambert et son père, ancien capitaine de la marine marchande, retiré sur une petite propriété qu'il exploitait lui-même, fut invité quelquefois au dîner du dimanche avec le curé du village.

Mᵐᵉ de Thayré fit venir de Bordeaux une institutrice qui commença l'éducation de Noël, avec qui Louise fut autorisée à prendre les leçons.

Quand Noël eut dix ans, un professeur de la
Rochelle vint trois fois par semaine continuer
l'éducation commencée, et Louise entra comme
pensionnaire dans un couvent de la ville. On ne
se vit plus que les jours de sortie et plus longuement pendant les vacances. Sauf les petites pay-
sannes des environs, aux joues fortes en couleur,
aux bras robustes, aux pieds imposants, parfois
jolies sous leur coiffe brodée, Noël ne vit jamais
d'autre profil de fillette que celui de Louise
Lambert. Elle grandit à son côté et, insensiblement, devint une merveilleuse créature. Quand
elle courait jusqu'a l'essoufflement, les cheveux
épars, la poitrine soulevée, le teint animé, et que
Noël parvenait à la saisir, il appuyait ses lèvres
sur le front de la prisonnière et s'affolait dans
une griserie d'effluves printanières.

Un jour, il comprit. Sa vingtième année venait
de s'écouler, Louise allait avoir dix-sept ans.
Noël la prit par la main et, l'entraînant jusqu'au
fauteuil où Mme de Thayré s'occupait à un travail de tapisserie, il lui dit :

— Mère, nous voulons nous marier !

La mère tressaillit. L'heure était donc venue :
il fallait partager son fils avec une autre. Louise,
confuse, les yeux baissés, attendait la parole que
retenaient les lèvres toutes-puissantes de Mme de
Thayré. Celle-ci se disait que si ce n'était pas
Louise, ce serait une autre, une inconnue sur

laquelle elle serait sans prise. Louise s'était formée sous ses yeux, et elle faisait partie du paysage, elle était dans son rayon. Mme de Thayré, d'une voix presque éteinte, demanda à Noël.

— Tu l'aimes ?

— Oui, mère.

— Eh bien ! continua Mme de Thayré, je vais écrire un mot à M. Lambert pour le prier de venir s'entendre avec moi...

Noël lui sauta au cou en pleurant, tandis que Louise, agenouillée, couvrait de ses baisers la main de celle qui l'acceptait pour fille.

Le mariage fut célébré sans apparat. La petite église de Laleu fut encore trop grande pour le nombre des invités. Une distribution de secours et de vêtements fut faite aux pauvres du village et Louise Lambert devint la jeune dame du château. Les gens du pays les voyaient passer tantôt à cheval, tantôt dans un phaéton, sur la route d'Aigrefeuille ou de Surgères, et tous saluaient avec un sourire ce jeune bonheur qui traversait leur chemin.

Louise accoucha d'une petite fille qui ne vécut que trois jours. Ce fut un véritable désespoir à Thayré. Il y eut trois personnes en deuil au lieu d'une.

Après quelques mois, Louise pria son mari de la conduire quelquefois à la ville. La solitude la tuait. C'était précisément la saison des bains de mer. La Rochelle a son casino, un casino de famille, au milieu d'un beau jardin, un casino sans petits chevaux. Il y a concert tous les soirs et, deux fois par semaine, un bal qui dure une heure ou deux, mais se prolonge rarement au-delà de onze heures. Les papas et les mamans sont assis sur des banquettes recouvertes d'une étoffe qui naguère fut rouge, et on danse sous l'œil attentif de la tapisserie familiale. Quelques épaulettes coupent la monotonie du smoking et je dois dire que l'uniforme a conservé tout son prestige aux yeux des demoiselles de la vieille ville huguenote.

Parmi les plus brillants officiers se trouvait un jeune sous-lieutenant de chasseurs, M. de Saint-Trophée, qui était venu en congé passer quelques jours dans sa famille. M. de Saint-Trophée se fit présenter à M. et à Mme de Thayré par Me Cresmoy, notaire des deux familles. Il obtint un quadrille, puis une valse de la jeune femme qui, n'étant jamais sortie de chez elle, fut profondément troublée de ces attentions, de ce mouvement, de ce bruit inaccoutumé. Quand la danse s'arrête, on fait les cent pas sur la terrasse, d'où l'on domine la mer. Le parfum des fleurs se mêle à l'âpreté des odeurs salines et, sous le clair d'une lune d'été, le regard s'étend sur un grand lac bleu, à peine soulevé par un souffle, jusqu'aux rivages de l'île de Rhé dont le phare apparaît comme une étoile à feu changeant. Plus d'une fois, M. de Saint-Trophée offrit son bras à Louise, tandis que Noël s'entretenait avec quelque Rochelais de marque. Le jeune officier ouvrait à la jeune femme des horizons nouveaux ; c'étaient pour elle comme des romans parlés, pleins d'imprévu. Paris était-il bien tel que le racontait M. de Saint-Trophée? Quel bois enchanté que le bois de Boulogne! Il y avait des gens qui vivaient dans cette fête, l'Opéra, les théâtres, les bals, toujours du nouveau. Et elle, comme la femme d'un pêcheur, voyait les nuits succéder aux jours, avec le même horizon, la même monotonie, et une femme en deuil, toujours en deuil, une dame noire à son côté.

Après une semaine de séjour à l'hôtel des Bains, M. de Thayré reçut une lettre de sa mère. Les vendanges allaient commencer, la présence du maître était indispensable. Il fallut retourner au château où la vie reprit son cours accoutumé.

Une après-midi, un coup de sonnette fit tressaillir les habitants de Thayré. M. de Saint-Trophée venait faire ses adieux à ses amis de quelques jours. Il fit quelques tours dans le bois, s'extasia sur la beauté du paysage. Du haut de la falaise, on apercevait en face les îles dont le rivage s'entourait d'une frange d'écume, des navires qui passaient au large, des barques de pêcheurs dont la voile gonflée s'ouvrait comme l'aile d'un goëland.

Un instant M. de Saint-Trophée put rester seul avec Louise de Thayré.

— Je pars demain, lui dit-il, et le 16 je m'embarque pour le Sénégal d'où je ne reviendrai peut-être jamais.

Louise sentit ses yeux se mouiller de larmes.

— Il faut absolument que je vous parle. Je serai ce soir à huit heures sur le chemin de la falaise. Venez, je vous en supplie !...

— Mais, Monsieur, murmura-t-elle, c'est impossible ; je ne puis sortir sans être vue.

— Je vous attendrai jusqu'au jour, s'il le faut. Si vous ne venez pas, si je quitte la France sans vous avoir dit le secret qui me pèse, je courrai au-devant des balles et vous apprendrez bientôt la mort d'un homme qui ne peut vivre que pour vous et par vous.

Jamais la jeune femme n'avait entendu de ces paroles troublantes ; son cœur battait violemment, elle avait aux tempes comme une rosée. Après avoir pris congé de M. de Thayré, le lieutenant, s'inclinant avec les apparences d'un profond respect, saisit la main de Louise et la pressa longuement. Puis il remonta à cheval et disparut sur la route blanche.

Louise se trouvait sous une influence magnétique. Elle monta dans sa chambre, passa les mains sur son front comme pour se dégager d'une obsession. La cloche annonça l'heure du dîner. On parla peu. Louise ne répondait que par monosyllabes. A neuf heures, chacun regagna sa chambre.

— Je vais jusqu'à la lingerie, dit Louise. Les lessiveuses arrivent demain à la première heure ; elles trouveront l'ouvrage préparé.

Puis, comme obéissant à une volonté supérieure, elle sortit par une porte de dégagement et marcha fiévreusement devant elle. Au coin du petit bois, elle aperçut une ombre.

— Partir sans vous avoir revue, dit M. de Saint-Trophée, c'était au-dessus de mes forces. Je vous aime et je veux emporter quelque chose de vous.

Il saisit Louise incapable de se défendre et la serra dans ses bras.

Une détonation se fit entendre ; la jeune femme s'évanouit. L'officier, qui n'avait pas été atteint, tendit machinalement sa carte au mari affolé, mais celui-ci était tombé à genoux à côté de sa femme. Il la soulevait et ne voyait rien autour de lui.

M. de Saint-Trophée s'éloigna à pas lents, en homme qui ne veut pas avoir l'air de fuir.

Le coup de feu avait réveillé en sursaut tout le personnel de Thayré. Le *paysan*, son fils, le vacher, étaient accourus ; Mme de Thayré, la veuve austère, contemplait le sombre tableau : son fils et sa jeune femme gisant sur la route. Qui donc avait été visé, sinon tué ? Elle enleva les vêtements de son fils ; rien, pas une déchirure, pas une tache de sang. C'était donc Louise ? Un examen attentif lui prouva que la jeune femme ne portait la trace d'aucune blessure. M. et Mme de Thayré furent ramenés dans une carriole à l'habitation et un médecin fut mandé en toute hâte à la Rochelle.

Il trouva Noël brisant tout dans sa chambre. Il fallut l'attacher pour le mettre au lit. Un violent narcotique arrêta sa furie. Il s'endormit et sa mère prit place à son chevet. Par les mots entrecoupés qui lui échappèrent, par ses reproches et ses imprécations, Mme de Thayré put reconstruire la scène, et quand, au matin, Louise apparut, pâle, tremblante, sur le seuil de la chambre du malade, la veuve, se dressant de toute sa hauteur, lui dit froidement :

— Vous n'avez plus rien à faire ici ; je vais écrire à votre père de venir vous chercher.

Louise tomba à genoux.

— Je vous en supplie, Madame, dit-elle d'une voix qu'entrecoupaient les sanglots, laissez-moi rester auprès de *lui*... Je le soignerai comme une servante, comme une sœur de charité... Ma vie lui appartient...

Mme de Thayré s'éloigna sans ajouter un mot,

et Louise alla s'installer auprès de son mari, passant des nuits sans sommeil dans la chambre du malade, qui ne prenait les potions que de sa main. Le calme lui revint peu à peu. Il put se lever, faire quelques pas d'abord, puis des promenades dans le parc. Il était fou, d'une folie douce, ayant perdu la mémoire et la perception de ce qui l'entourait.

Deux médecins lui faisaient chaque jour visite, craignant une rechute. Mais Noël, mélancolique, ne se départait pas de son silence. Parfois il se frappait le front, comme pour en faire jaillir un souvenir.

Ainsi se passa toute une année. Quand il sortait, Louise, vêtue de noir, à l'exemple de sa belle-mère, le suivait comme un chien fidèle. Un jour, la veuve s'alita. Louise lui servit de garde-malade. La vieille dame n'eut pas longtemps à souffrir. Une congestion pulmonaire l'enleva en huit jours. Le curé de Laleu, accompagné de deux enfants de chœur, vint recevoir le cercueil que suivirent Noël et Louise. Après que la dernière pelletée de terre eut recouvert celle qui avait été une austère épouse et une mère dévouée, le fou remonta dans sa voiture et revint au château.

Il se laissa tomber dans un fauteuil et dit à Louise : « *Je n'ai plus que toi...* »

Louise tressaillit.

Noël continua :

— Après la crise que j'ai traversée, j'ai voulu te mettre à l'épreuve, savoir si tu étais une femme pervertie ou une faible créature, un instant troublée. Plus d'une fois, en te voyant au pied de mon lit, attentive et dévouée, j'ai été sur le point de t'ouvrir les bras et de te presser sur mon cœur... Mais j'ai voulu ta rédemption complète et, pendant un an, j'ai goûté le bonheur d'être fou...

Louise s'était appuyée sur un meuble, les yeux démesurément ouverts, retenant sa respiration.

Noël acheva :

— Tu as assez souffert... Regarde-moi... je ne suis plus fou, — et je te pardonne !

L'HONNEUR

QU'EST QUE C'EST QU'ÇA ?

(Air connu.)

Martin, le beau Martin, fils du maréchal-ferrant de Blanquefort, fut le plus grand coureur de filles de tout le pays. A vingt ans, il pouvait rire au nez de tous les maris, de Peybois à Saint-Médard ; il connaissait leur bonheur pour en avoir tâté. Les mères le désignaient à leurs filles comme un être dangereux, abominable, dont le contact était une souillure. Aussi ne s'en trouva-t-il guère dont la curiosité ne s'allumât, irrésistible. Ces petites têtes se mettent facilement à l'envers, et, quand Martin battait le fer rouge, la poitrine et les bras nus, les fillettes s'arrêtaient devant l'atelier à la baie largement ouverte, et les yeux brillants, le corsage en ébullition, lançaient quelque phrase en l'air pour attirer l'attention du coq de village.

— Cela va bien aujourd'hui, Monsieur Martin ?

— C'est toi, Seconde ! Je ne te reconnaissais pas. Sais-tu que tu embellis tous les jours ?

Seconde devenait rouge comme une cerise.

— Vous voulez rire, Monsieur Martin ?

— Pas du tout. Tu te remplis d'une bonne sève qui éclate un peu partout ; tu es comme un pommier d'avril !

Quand la fille s'était suffisamment engluée, le beau Martin lui donnait un rendez-vous, en bas de la route, auprès des ruines du château de Duras, trois vieilles tours à ciel ouvert, un restant de donjon, des escaliers en spirale qui conduisent dans les souterrains. Les fossés sont à sec ; des arbres y ont poussé. Il y a des boudoirs de verdure dans les environs, au bord de la Jolle, un petit cours d'eau claire sur un fond sablonneux. Le prince Noir habita jadis le château de Duras ; il se livra là des combats terribles entre gens bardés de fer. On parle d'un trésor enfoui que l'on a souvent cherché, vainement toujours.

Plus d'une, sur la mousse ou sur l'herbe, s'est laissée choir dans le petit bois.....

Le petit bois, tombeau de la vertu des femmes !

Et les années passaient. Voilà-t-il pas qu'à trente ans ce don Juan campagnard, ce coureur incorrigible, devint amoureux fou d'une gamine de quinze ans qui lui rit au nez ; elle le trouvait trop vieux et ne se gêna pas pour le lui dire.

Ce fut son tour de souffrir ce qu'il avait fait souffrir à tant d'autres. Il passait la moitié des nuits sous la fenêtre de la petite, il la suivait par les chemins, lui disant des paroles d'amour qui la faisaient rire aux éclats. Un soir, Martin pleura. Lui qui avait repoussé Jeannette le suppliant avec un enfant sur les bras ; lui qui répondait naguère à Cadichonne, la fille du garde du baron de Pichon : « Va-t'en au diable ! c'est toi qui m'as poussé !... » il pleura ! Et, comme tous ceux qui pleurent, il alla rôder autour de l'église et, après de longues hésitations, il entra chez le curé :

— J'ai fait bien du mal, dit-il, je le comprends maintenant. Je me repens et je voudrais commencer une vie régulière.

— Je vois ton affaire, dit le curé. Tu es amoureux de Lise Barnac et tu voudrais l'épouser.

— Eh bien ! oui, Monsieur le curé, soupira Martin.

— Je te dirai donc franchement que Lise n'est pas pour toi. Son père est au courant de tes assiduités et il l'envoie à Lesparre, chez son oncle. C'est là qu'elle deviendra la femme de son cousin Bernard et tout ce que tu entreprendrais ne pourrait rien empêcher. Mais tu as d'autres devoirs à remplir. Que sont devenues toutes celles que tu as mises à mal ?

— Oh ! Monsieur le curé, si ce n'avait pas été moi, c'en eût été un autre.

— C'est possible, mais rien ne le prouve. Quelle a été la première ?

— La première ? J'avais quinze ans, elle vingt-deux !

— Celle-là ne compte pas. La seconde ?

— Cadette Beaujean ; elle est morte en service, à Bordeaux.

— La troisième ?

— Ce fut Julie Virelade, la fille du tonnelier.

— Qu'est-elle devenue ?

— Je n'en sais rien.

— Cherche-la.

Martin alla, le chapeau à la main, trouver les parents de Julie et leur déclara qu'il était prêt à l'épouser.

— Trop tard, mon garçon, répondit le père Virelade. Julie est entrée comme domestique chez un aubergiste de Libourne. Elle a su se rendre indispensable et le patron, devenu veuf, l'a épousée.

Martin revint chez le curé et lui narra l'aventure.

— C'est bien, fit le curé. La quatrième ?

— La quatrième ? Voyons donc... Ah ! la quatrième, ç'a été Geneviève Labourie. Elle est à Paris.

— Va la chercher.

— Il paraît qu'elle a changé de nom.

— Demande son nom d'emprunt et offre-lui de lui rendre l'honneur.

Martin prit un billet de troisième classe et partit pour Paris. Geneviève Labourie y était connue sous le nom de Liane de Beaugency ; elle habitait un petit hôtel dans la rue Vézelay.

— Mazette ! pensa Martin ; elle s'est placée chez des gens riches.

Il tira le bouton de la sonnette. Un coup sec, et la porte s'ouvrit.

— Que voulez-vous ? demanda un domestique que Martin prit pour un général en uniforme. Vous ne savez donc pas lire ? Il fallait pousser le bouton au-dessous ; il y a écrit : *Service*.

Martin, ahuri, demanda :

— Mme de Beaugency, s'il vous plaît ?

Le domestique le toisa :

— Vous voulez parler à Madame ?

— Oui, dites-lui que c'est Martin... Martin, de Blanquefort. Nous sommes pays et j'ai quelque chose à lui dire.

— C'est bien, attendez, je vais voir.

Le valet revint après quelques instants. Une femme de chambre reçut Martin dans le corridor en lui disant :

— Entrez par ici, Madame s'habille, elle va venir tout à l'heure.

Martin regardait autour de lui avec stupéfaction ; il n'avait rien vu de si beau que la petite pièce dans laquelle on l'avait introduit. Des vases garnis de fleurs, des tableaux, des statuettes. Au milieu, une table recouverte d'un tapis à franges d'or, des fauteuils sur lesquels il y avait des figures brodées, des arbres, des femmes nues dans les nuages. Qu'est-ce que c'était que tout cela ?

Au bout d'un quart d'heure, une draperie s'écarta au fond du petit salon, laissant entrer une jeune femme vêtue d'une robe de chambre en soie bleue. Martin la regarda, ayant d'abord peine à la reconnaître. Cependant, c'était bien Geneviève Labourie, grandie, embellie, douée d'un appétissant embonpoint.

— C'est toi, Geneviève ? s'écria Martin.

La jeune femme lui jeta un regard de déesse outragée.

— Vous me tutoyez ? fit-elle avec un sifflement ; nous n'avons pourtant pas gardé les vaches ensemble...

— Mais si, affirma Martin. Nous les avons gardées ensemble !

— Tu es fou ! Où cela ?

— Eh bien ! dans la lande de Peybois, et aussi dans les prés du vieux château. Tu ne te rappelles pas ? Dame ! tu étais une jeunesse, et moi aussi.

Liane de Beaugency le regarda fixement.

— C'est toi, le beau Martin, le fils du maréchal ?

— Comme vous voyez ! fit Martin en se rengorgeant.

— Que c'est drôle ! murmura la cocotte.

Et elle ajouta :

— Qu'est-ce que tu me veux ? Mon personnel est au complet. Concierge, valet de pied, cocher, maître d'hôtel... Et puis tu n'as pas la tournure parisienne.

— Mais, fit observer Martin, il n'est pas question de tout ça.

— Et alors ?

— Je suis venu réparer mes torts.

— Comprends pas !

Martin se dressa de toute sa hauteur et dit d'un ton solennel :

— Je veux vous rendre l'honneur !

Liane de Beaugency se laissa tomber sur un divan en éclatant de rire. Et elle répétait :

— Me rendre l'honneur !

— Oui, Geneviève, j'y suis décidé, répliqua noblement Martin.

Liane se tordait.

— Hé ! que veux-tu que j'en fasse ? dit-elle. C'est mon déshonneur qui fait ma fortune.

Martin était ébahi.

— Alors, vous ne voulez pas ? balbutiat-il.

— Je ne veux pas quoi ?

— Que je vous épouse ?

— Ah ! mais non, par exemple ! Quelle drôle d'idée !

Elle se roulait dans les coussins.

— On va bien rire, ce soir, dit-elle, quand je raconterai mon aventure !

Martin ne savait plus comment sortir. Heureusement Liane sonna :

— Faites déjeuner ce brave homme à l'office, dit elle à sa femme de chambre.

— Bien, Madame.

— Avec une bouteille de champagne.

— Et quand j'aurai déjeuné ? demanda Martin.

— Quand tu auras déjeuné, tu t'en iras.

— Sans vous revoir ? fit Martin qui n'osait plus tutoyer Geneviève.

— Je l'espère bien, par exemple ! dit-elle.

Martin s'arrêta sur le seuil.

— Voulez-vous me permettre de vous demander un renseignement ?

— Vas-y ! répondit gaiement Liane.

— Je voudrais savoir l'adresse de Thérèse Labat, la petite Labat, qui était votre amie.

— Ah ! fit Mme de Beaugency, elle n'a pas eu de chance. On l'a saisie et vendue... Elle a fait des journées rue de Berlin et rue Vintimille... Tu la trouveras maintenant dans la rue Saint-Marc, entre la rue Richelieu et une place où il y avait un théâtre qui a brûlé... Tu reconnaîtras facilement la maison... Je ne me rappelle pas le numéro, mais les chiffres sont plus gros que ceux des maisons voisines.

— Merci bien.

— Est-ce que tu veux lui rendre l'honneur à celle-là aussi ?

— Dame ! s'il y a moyen...

De nouveau, Liane de Beaugency éclata de rire.

— Bonne chance ! lui cria-t-elle.

Et elle rentra dans ses appartements.

L'OUVREUSE

Le rideau venait de tomber sur le premier acte de *Sigurd*. Deux jeunes hommes quittèrent leurs fauteuils pour aller faire un tour dans les corridors ou fumer une cigarette. L'un se nommait Savinien Soël ; son dernier roman, les *Quarts de vierges*, a fait le tour des salons et des boudoirs ; l'autre, type parisien des plus connus, était le peintre Valmay, un peintre mondain comme Jean Béraud, comme Gervex, qui luttent de cravates blanches avec les habitués de Durand et de Maxim's.

— Tu as beau dire, s'écria Soël, continuant une conversation commencée, les ouvreuses ne sont dignes d'aucun intérêt. Ce sont des corsaires en bonnet tuyauté qui versent un cautionnement pour avoir le droit de rançonner le public.

— Par une ou deux, tu les juges toutes, repartit Valmay. Tu vois des dames sur le retour qui prennent ton pardessus et lui donnent de faux plis en échange d'une pièce de cinquante centimes ou d'un franc et tu ne veux pas savoir que ces mains ridées ont été blanches et armées de petits ongles roses, et que ces cheveux gris, devenus rares, ont porté des aigrettes et des diamants. En réalité, c'est Mme Putiphar qui a inventé le vestiaire en retenant le manteau de Joseph avec l'intention de le lui rendre après l'acte. Joseph, désireux de se tirer en galant homme de ce mauvais pas, lui remit une pièce d'une demi-drachme — et se retira.

— Alors, reprit Soël, les ouvreuses sont des reines déchues ?

— Des reines, ce serait aller un peu loin, mais elles ont été aimables, aimantes et aimées. Enfin, puisqu'il faut te le dire, si je suis le mari d'une jolie femme, heureux et riche, c'est à une ouvreuse que je le dois.

— Raconte !

— Une de ces femmes que tu dédaignes ouvrit un soir la porte d'une loge à une jeune mondaine accompagnée d'un vieux mari. Ce n'était pas la jeune qu'il fallait observer, mais la vieille. Un soupir trahissait le charme des souvenirs et l'amertume des regrets.

Ce soupir disait : « Voilà comme j'étais jadis ! »

Sans doute quelques femmes arrivent à siéger dans les couloirs d'un théâtre sans avoir passé par les épreuves du sentiment; mais c'est l'exception.

La plupart sont des gloires passées, des idoles dédorées. Mme Eloi, qui vient d'accrocher ton pardessus, n'est pas une femme ordinaire.

En voyant entrer les occupants de la loge, elle poussa un cri de surprise ; une vive émotion se trahit sur son visage. « Est-ce bien lui ? » murmura-t-elle. Et, plaçant le coupon sous le bec de gaz, elle lut : « Baron de Pierrefitte ».

Alors elle s'approcha du carreau, fixa longuement du regard cet homme d'une soixantaine d'années, marié à une femme de vingt-deux ou vingt-trois ans.

— Il ne m'a pas reconnue, fit-elle à voix basse, mais je lui rendrai la mémoire.

Ce même soir, un jeune homme, un peintre...

— Toi, sans doute ? interrompit Soël.

— Tu le sauras plus tard... Un jeune homme, qui avait ses entrées, lui demanda s'il restait un strapontin pour lui.

— Toujours pour vous, répondit Mme Eloi ; prenez le fauteuil 32.

— Eh bien ! reprit le peintre, puisque vous êtes si bonne pour moi, vous seriez bien aimable de glisser ce billet à la personne qui est là, à droite.

L'ouvreuse se récria :

— Mais ce n'est pas une femme pour vous ; elle a dépassé la trentaine, elle est cotée sur la place, classée dans les demi-castors.

— Que voulez-vous ? elle me plaît. Quand je la vois, j'ai des fourmis sous la peau.

— C'est bien, donnez votre billet.

Et, quand le peintre fut assis, elle attacha le billet avec une épingle dans la pelisse de la baronne.

Le manège dura trois semaines. Au septième billet, formulé en termes de buisson ardent, le peintre reçut une lettre dans laquelle on le suppliait de ne plus écrire. Le mari, ancien général, pourrait se douter de quelque chose en le voyant régulièrement au même fauteuil, les yeux constamment tournés vers sa loge.

Le peintre demanda des explications à Mme Eloi.

— Je me suis trompée, répondit celle-ci. J'ai remis toutes vos lettres à la baronne.

— Quelle baronne ?

— Mme de Pierrefitte... qui occupe la loge située à côté de celle de cette vieille cocotte. La baronne est charmante, l'autre n'est pas votre affaire. La baronne est sage, jolie comme un bouton de rose-thé, mariée à un vieux mari... et, grâce à moi, elle vous aime.

— Pas possible!

— Croyez-moi ! je m'y connais.

Le mercredi suivant, le baron arriva seul à l'Opéra. Il était pâle, nerveux, et mordillait sa moustache.

— Venez ici ! dit-il à Mme Eloi. Voici un billet de mille francs. Désignez-moi l'insolent qui écrit les lettres remises par vous à ma femme.

Mme Eloi eut un sourire de diabolique satisfaction.

— Attendez ! répondit-elle.

Cinq ou six minutes plus tard, un personnage apparut au bout du couloir. Brun, grosse moustache compacte avec une apparence de palissandre, une étincelle dans chaque œil. Il se nommait Diego Roberto et venait de faire une tournée en Amérique où il logeait vingt-cinq balles dans le goulot de vingt-cinq bouteilles lancées en l'air. La bouteille restait intacte, le fond seul était brisé.

— C'est celui-ci, dit Mme Eloi,

Le baron marcha sur l'homme et le souffleta. Toute explication était inutile après l'affront reçu. L'offenseur se croyait compris et ne voulait pas mettre ses témoins dans la confidence. Il prétendit que l'Américain l'avait grossièrement bousculé, ce qui n'étonna personne.

Le combat eut lieu le lendemain ; le baron reçut une balle en pleine poitrine et ne survécut que deux jours à sa blessure.

Dès qu'elle apprit le résultat du duel, Mme Eloi se rendit à l'hôtel du baron, prétendant qu'elle avait une importante révélation à lui faire.

— Vous ne m'avez pas reconnue ? dit-elle à M. de Pierrefitte.

— Non, murmura celui-ci.

— Vous voyez ce que je suis... et voici ce que j'ai été, dit-elle en lui mettant sous les yeux une miniature.

— Armande ! s'écria le baron d'une voix rauque.

— Oui, Armande, séduite, abandonnée par vous, et qui a remis à votre femme des lettres destinées à une autre !

— Assez ! murmura le baron.

— Oui, assez, répondit Mme Eloi. Vous mourrez de ma main et votre veuve épousera celui qu'elle aime, un mari choisi par moi !

Et Valmay ajouta :

— Il en a été comme l'a dit Mme Eloi. Voilà pourquoi et comment je suis l'heureux mari de Mme la baronne veuve de Pierrefitte !

UN VIEUX SATYRE

Le dernier mois de l'automne 189... a été plein d'émotions pour la petite ville de Saint-Missant, dix-huit mille habitants, tribunal de 1ᵉʳ instance, lycée, bibliothèque, musée. Ce fut d'abord le crime de Laleu-sur-Yolle, village situé à un kilomètre de Saint-Missant, l'assassinat d'un fermier et l'incendie allumé pour dépister la justice. Mais il arriva précisément que le feu n'atteignit pas le recoin où avait été traîné le cadavre. Le couteau dont s'était servi l'assassin fut retrouvé dans le puits, et, du couteau à son propriétaire, l'enquête fut courte. Un manche en corne de bœuf, orné d'un petit losange d'argent ; tous ceux du village à qui on le montra s'écrièrent : C'est le couteau d'Etienne !

Etienne était un grand gaillard, âgé de trente ans à peine, employé comme contre-maître dans une carrière du voisinage. Il avait eu de fréquentes discussions avec le fermier; plus d'une fois, au cabaret, ils avaient failli en venir aux mains. Une femme était, disait-on, la première cause de cette haine.

Le meurtre avait été prémédité, et l'incendie ne pouvant passer pour une circonstance atténuante, Etienne fut condamné à mort. Pourvoi et recours en grâce furent rejetés...

Les bois de justice arrivèrent de Paris — où les départements se fournissent toujours d'échafauds — et, au petit jour, le 14 décembre, la tête d'Etienne tomba dans le panier dont nul ne fait danser l'anse.

L'*Abeille de Saint-Missant*, journal politique, commercial, agricole et littéraire, paraissant deux fois par semaine, rendit en termes émus un compte-rendu détaillé de l'exécution.

Je n'étonnerai pas le lecteur en disant que l'article se terminait par ces mots : « Un coup sourd retentit; la justice des hommes était satisfaite! »

Un vieux prêtre, l'excellent M. Péjoine, curé de la cathédrale, s'était fait un devoir d'assister le condamné à ses derniers moments. Il eut la consolation de ramener Etienne à de pieux sentiments : le criminel manifesta un profond repentir et sut mourir avec une exemplaire résignation. Il embrassa le ministre de Dieu, et s'élança dans la lunette avec autant de calme que s'il eût pris un billet de retour.

L'abbé Péjoine lui consacra quelques paroles au prône du dimanche suivant ; il engagea les jeunes gens du pays qui, du reste, jouaient au billard pendant la messe, à ne pas oublier l'exemple terrible qu'ils avaient eu sous les yeux : un homme jeune, bien doué, entraîné jusqu'au crime par de mauvaises passions. Dieu lui pardonnerait, sans doute ; mais combien il eût été plus prudent de ne pas courir cette chance !

Les mères pleuraient, les vieilles dévotes hochaient la tête, et le bedeau exprimait par gestes son admiration pour M. le curé qui se surpassait ce jour-là.

Depuis vingt-cinq ans que l'abbé Péjoine avait été placé à la tête de la paroisse, la moitié de la ville lui devait l'instruction religieuse. Du catéchisme au mariage, trois générations avaient reçu de lui l'absolution et la bénédiction. Quand il allait par les rues, d'un pas toujours lent, avec sa bonne figure si calme sous ses cheveux blancs, tous se découvraient.

Puis, tout à coup, un bruit se répand par la ville. On se parle à l'oreille, chacun se récrie.

— Ce n'est pas possible, c'est une calomnie !

Calomnie est bientôt dit ; on l'a *vu*, ce qui s'appelle *vu*. Plusieurs témoins sont là pour l'affirmer.

Quoi donc ? ce vieillard, ce prêtre vénérable, est entré à la nuit tombante dans une maison infâme.

Il a demandé Mlle Elisa, et comme on lui a répondu qu'elle avait changé de résidence, il s'est transporté dans l'autre maison, rue des Remparts, près de la caserne. Cette fois, Elisa a répondu à l'appel! Le vieux curé a causé avec elle et lui a fait un cadeau en sortant.

Le scandale éclata. Il n'y eut qu'un cri d'indignation dans la ville. Le *Réveil du Peuple* publia des articles foudroyants sur la façon qu'ont les robins de comprendre la chasteté.

« Ils ne se cachent même plus, s'écriait le rédacteur. On a vu un tonsuré, un vieillard, se glisser en rasant les murs dans une de ces maisons où les soldats vont chercher l'amour au rabais. L'œil luisant, la lèvre allumée, il a poussé la porte entr'ouverte. Il a demandé une des filles dont la réputation était sans doute venue jusqu'à lui. Comment avait-il appris son nom, si ce n'est par l'aveu fait au confessionnal par quelque lycéen perverti, en avance sur sa majorité ? »

Il y en avait, de ce style, une colonne et demie, du Juvénal de province.

L'abbé Péjoine ne se doutait de rien et continuait à dire sa messe, à donner de petites tapes amicales sur la joue des enfants qu'on lui amenait à la sacristie pour les préparer à la première communion. Il s'apercevait bien qu'il lui venait moins de fidèles; il constatait, sans en deviner le motif, que le vide se faisait peu à peu autour de lui. Dans la rue, quand il saluait des paroissiennes zélées qui, naguère, s'arrêtaient pour prendre des nouvelles de sa santé, il les voyait s'incliner et continuer précipitamment leur chemin. Un jour qu'il arrêta la femme du percepteur pour lui demander un petit renseignement, il s'aperçut qu'une rougeur soudaine lui montait à la figure. Elle balbutia quelques mots et s'éloigna — comme on s'enfuit.

L'*Inflexible*, journal du chef-lieu, n'avait point classé l'affaire. Un article y parut, qui mettait les points sur les *i*.

Ce réquisitoire — des plus violents — était intitulé : *Un vieux satyre.*

L'évêque, auquel plusieurs lettres anonymes avaient été adressées, finit par s'émouvoir de ce tapage. Il voulut se rendre compte par lui-même de l'origine de ces bruits, et commença une tournée pastorale par sa bonne ville de Saint-Missant. A l'étonnement douloureux de l'abbé Péjoine, Sa Grandeur descendit chez un chanoine du chapitre, au lieu d'occuper à la cure, la chambre qui, depuis dix ans, avait l'honneur de le recevoir.

Le lendemain de l'arrivée de Mgr Truphême, le bon vieux curé vint faire sa visite à l'évêque.

— Monsieur le curé, lui dit Sa Grandeur, j'ai des explications à vous demander.

— A moi, Monseigneur ?

— Vous devez savoir de quoi il s'agit ?

— Je prie Votre Grandeur de m'excuser, répondit le pauvre vieux, tout interloqué, mais je ne m'en doute même pas.

L'évêque fixa sur lui un regard sévère :

— Vous ne lisez donc pas les journaux ?

— Je lis l'*Univers*, quelquefois le *Monde* que Mme la supérieure des sœurs de l'Espérance a la bonté de me prêter.

— Alors, vous ne savez rien de ce qu'on dit dans votre entourage, rien du scandale qui se fait autour de votre nom ?

Le vieux prêtre se leva frémissant, les mains tremblantes. Il balbutia :

— Qu'ai-je donc fait, grand Dieu !

L'évêque continua :

— Vous êtes accusé d'être allé dans une mauvaise maison, un des repaires de Satan, et d'y avoir demandé une fille Elisa.

— Moi ?

— Vous. Voici des journaux qui racontent le fait tout au long... Lisez plutôt. Ici : « *Un nouveau scandale clérical* » ; là : « *Un calotin qui ne s'embête pas.* »

— Est-il possible ? murmura le curé, dont les yeux s'emplirent de larmes.

— Répondez franchement à ma question, poursuivit l'évêque. Êtes-vous, oui ou non, entré dans une maison infâme de la rue des Remparts ?

Le curé porta la main à son front.

— Oui, oui, fit-il, les yeux pleins de larmes, je me rappelle.

— Comment, vous ! fit le prélat, à votre âge ?

— Ah ! Monseigneur, reprit l'abbé Péjoine, je n'ai pas vu le mal...

— Expliquez-vous.

— Votre Grandeur n'ignore pas que j'ai assisté à la dernière heure le malheureux Etienne, exécuté à Saint-Missant, sur la place du Marché. Ce malheureux a fait une fin chrétienne, son repentir a été sincère. J'ai appelé sur lui le pardon de Dieu... Quelques instants avant de marcher à la mort, il m'a chargé d'accomplir ses dernières volontés : « — Mon père, m'a-t-il dit, je vous prie de remettre cette montre d'argent à ma mère, qui habite le village de Laleu-sur-Yolle, et cette bague à Mlle Elisa, qu'on trouvera dans la rue Jacquier. » Ne l'ayant pas rencontrée à cette adresse, je me suis rendu à sa nouvelle demeure... rue des Remparts, c'est bien cela. Il y avait trois ou quatre femmes au rez-de-chaussée ; j'ai pensé que c'était un atelier, une fabrique, que sais-je ? Ah ! Monseigneur, je suis la cause innocente des accusations portées contre notre sainte Eglise... Pardonnez-moi !

L'évêque releva le pauvre vieillard, et le dimanche suivant, du haut de la chaire, il conta l'histoire vraie. Il appela la pitié sur ce vieux prêtre accomplissant les derniers vœux d'un criminel déjà près de Dieu... Les femmes pleuraient, tous les assistants cédaient à l'émotion et, à la sortie de l'église, le curé calomnié fut presque l'objet d'une ovation.

Le soir, au café du Commerce, un conseiller municipal interpella ironiquement le rédacteur du *Réveil de Saint-Missant* :

— Que pensez-vous de cela ? lui demanda-t-il.

— Je pense, répondit l'autre en faisant un carambolage, que les calotins sont plus forts que nous !

ELVIRE VENGÉE

Le baron d'Ambéry a été pendant vingt ans l'un des grands machinistes de la Bourse. Ce n'était pas Rothschild, mais il avait passé près de lui. Un coup de télégraphe lui assurant un bénéfice de deux centimes entre les cours de Rome ou de Berlin et ceux de Paris se soldait pour lui par un bénéfice de deux ou trois millions. Quand périclitait une société anonyme, une entreprise industrielle, d'Ambéry s'entendait avec le conseil d'administration, provoquait une assemblée générale des actionnaires ; finalement, mettait la main sur l'affaire. Il faisait un appel de fonds ou doublait le capital. L'émission lui donnait un gros bénéfice et les choses suivaient leurs cours — à la Bourse.

Sa fortune personnelle fut, un moment, évaluée à soixante millions. Soixante millions en papier, en valeurs diverses qu'il eut été difficile de réaliser, mais dont les revenus étaient à peu près encaissés. En réalité, d'Ambéry était propriétaire de l'immeuble où se trouvaient ses bureaux et ses guichets, d'un hôtel avenue Friedland et d'un château dans le département de l'Oise, avec un parc de dix hectares et trois cents hectares de bois. Les équipages de M. d'Ambéry, merveilleusement attelés, pouvaient lutter avec ceux des lords les plus réputés, et les princes étrangers étaient familiers des chasses du riche banquier. Les faisans, les perdreaux y étaient abattus par centaines, et on ne pouvait tourner une allée sans mettre en fuite un cerf, un daim ou quelques chevreuils.

Le baron avait sa loge à l'Opéra et une avant-scène le mardi à la Comédie-Française. Habitué à lutter avec la fortune, aucune crise ne savait l'émouvoir ; une brèche de plusieurs millions amenait sur son visage un pli qui passait comme un éclair, ou un froncement de sourcils aussitôt suivi d'un sourire énigmatique. Doué d'un sang-froid extraordinaire, il fut à plusieurs reprises à deux doigts de la ruine ; mais, prompt à se retourner, il rétablissait l'équilibre par une contrepartie de ses opérations.

Il fut deux fois élu député par des conservateurs de province, resta sur le carreau aux élections qui précédèrent le krach du Panama, ce qui le sauva peut-être d'une condamnation. Cet insuccès fut une chance heureuse.

Libertin à l'excès, il aimait la chair fraîche et la chair peinte. Des matrones expertes lui amenaient des fruits verts dans un élégant et discret pied-à-terre du quartier Monceau. Il eut dans les théâtres, à l'Opéra et ailleurs, les femmes en vue que se disputent les hauts viveurs pour qui une grande cantatrice et une célèbre ballerine valent leur pesant de perles.

Il était pourtant marié, le baron d'Ambéry. Une ancienne famille du Poitou avait, pour lui, retiré du couvent des sœurs de la Providence une frêle et gracieuse enfant qui fut conduite à l'autel comme à l'échafaud. Le marquis de la Roche-Saint-Héraye vivotait dans les ruines de son castel naguère assiégé par les bleus ; sa tour gisait, comme un cadavre sans sépulture, dans le fossé comblé peu à peu et où avaient poussé des arbustes. Le moulin s'écroulait, la roue, dès longtemps, ne tournait plus et chaque matin, dans sa longue prière, la vieille Mme de Saint-Héraye priait Dieu de prendre en pitié sa fille Fabienne. Et voilà qu'un jour, à Poitiers, d'Ambéry, qui était venu tâter le terrain électoral, rencontra Mme de Saint-Héraye chez un ami de l'évêché. Fabienne fut pour lui comme une apparition ; cette vierge aux yeux d'un bleu foncé sous des sourcils qu'on eût dit faits au pinceau, cette peau blanche que le cloître avait préservée du hâle, soulevèrent un frisson chez le Parisien déjà blasé. Il lui fallait une entrée dans le faubourg Saint-Germain et il pensa que l'idéale beauté de Fabienne y serait d'un effet sûr ; on envierait son bonheur, et quoi de plus doux que d'être envié ? En tout cas, d'Ambéry se sentait pris, envahi ; il lui fallait cette pureté.

Il demanda la main de Fabienne. Le vieux marquis en tressaillit de joie ; sa fille aurait un hôtel, des diamants, des voitures ; elle occuperait dans la société parisienne le rang auquel son nom lui donnait droit, et on relèverait la tour, qui serait de nouveau scellée au donjon ! M. de la Roche-Saint-Héraye ne perdit point son temps à étudier la généalogie du prétendant et Fabienne devint Mme la baronne d'Ambéry.

Gêné par ses relations dans le monde des *libres-penseuses*, d'Ambéry, un peu bourgeois dans le fond, fit le voyage classique, la Suisse et l'Italie. Il brûla les musées et vint installer sa femme dans le château des bords de l'Oise ; il était à quarante minutes de Paris, pouvait vaquer à ses affaires pendant la journée et revenir passer la soirée au clair de la lune de miel.

La première année s'écoula en douceur, puis d'Ambéry reprit ses habitudes de club et de turf ; il jouait gros jeu, rentrait au petit jour. Fabienne avait pris possession, dans l'hôtel de l'avenue de

Friedland, d'un appartement séparé de celui de son mari. Elle ne le voyait guère que deux ou trois fois par semaine. Inquiète, elle questionna des amies du grand monde qui lui dirent qu'il en était ainsi de tous les ménages parisiens. Chacun avait ses coudées franches, la femme aussi bien que le mari. Il s'agissait d'éviter le scandale pour que l'opinion fût satisfaite. Peu importaient les petits potins, les chuchotements et les rires malicieux derrière l'éventail ; il faut bien causer de quelque chose.

Peu à peu, d'Ambéry reprit sa vie scandaleuse. Il devint ouvertement le protecteur de la Corridina, première danseuse qui, de Milan, était venue à l'Opéra. Il se montrait avec elle au Bois, au café Anglais, la promenait jusque dans l'enceinte du pesage. Les *échos* des journaux boulevardiers notaient soigneusement sa présence à toutes les fêtes sportives :

« Remarqué dans les tribunes la Corridina, plus resplendissante que jamais et suivie de près par le baron d'A..., toujours jeune et toujours épris ».

Ou bien encore :

« L'ouverture du Concours hippique a été des plus brillantes. On remarquait, parmi les élégantes, la Corridina, accompagnée de son inséparable, le baron d'A.. »

Qu'il s'agît d'un souper au Continental, d'un

bal de charité, on était sûr d'y rencontrer le baron et l'illustre ballerine.

Au début de son mariage, Fabienne avait trouvé M. d'Ambéry galant, empressé ; tous les matins, à son réveil, une femme de chambre apportait un bouquet à la baronne. Elle trouvait sur un chiffonnier une parure, un bracelet, un diadème. Puis le baron avait *du monde* ; sa conversation, souvent brillante, s'émaillait de formules parisiennes qui faisaient sourire la provinciale novice. Un jour nouveau s'ouvrait pour elle ; faute de comparaison possible, elle se mit à aimer son mari naïvement et comme étant le seul homme qu'elle pût aimer.

Puis les manières du baron changèrent tout à coup. Des gestes d'impatience lui échappaient, de petits haussements d'épaules, des réponses ironiques. — « Il me trouve bête, » pensa Fabienne, qui s'attrista.

Elle se sentit chaque jour plus délaissée, et plus d'une fois, après avoir ouvert son piano, elle appuya son front sur sa main et laissa couler des larmes silencieuses. Elle goûtait un plaisir amer à se reporter aux jours de son enfance, au couvent où toutes l'aimaient, au vieux château délabré, entouré d'ormes et de châtaigniers, à la grande avenue qui conduisait à la route de Melle et où on allait s'asseoir, l'été, sous les branches qui s'enlaçaient et formaient un dôme

animé de chants d'oiseaux et de bruits d'ailes.
Elle s'attendrissait sur le jardinier François, avec
des regrets de n'être plus là pour donner quelques friandises à ses enfants aux grands yeux
fixement ouverts sur la *demoiselle*. La chienne
Diane, le museau allongé sur ses pattes, avait-
elle gardé le souvenir de sa maîtresse ? Elle
n'allait plus, le matin, gratter à la porte de la
chambre déserte, la chambre aux rideaux bleus
à ramages. Personne ne renouvelait, le dimanche
des Rameaux, le buis bénit qui n'aurait eu à
porter bonheur à personne.

Ce ne fut qu'après quatre années de mariage,
au moment où le baron s'était rejeté dans la
grande vie, que Fabienne mit au monde un garçon d'aspect vigoureux, ce qui parut extraordinaire, la baronne étant accouchée à sept mois.
Elle voulut le nourrir elle-même ; le berceau
était placé à côté de son lit, comme un bouclier
contre son mari.

De ce jour, Fabienne cessa d'être épouse, il lui
suffit d'être mère. Cet enfant fut son adoration ;
elle le couvait. M. d'Ambéry en prit son parti ;
son nom fût mêlé à quelques orgies, on en parlait tout bas dans les salons et, plus d'une fois,
d'Ambéry dut acheter le silence de quelques
journaux de chantage.

Le jeune d'Ambéry, qu'on avait appelé Fabien,
du nom de sa mère, avait vingt-deux ans, quand

un cataclysme financier vint abattre la fortune du baron. Il y eut une descente de police dans ses bureaux ; ses livres furent transportés au parquet et une instruction ouverte. Le baron, arrêté, ne passa que quelques jours à Mazas. Mis en liberté sous caution, il put parer le coup, prit des arrangements avec les actionnaires dépouillés, cacha des virements illégaux et rentra, vacillant, dans la vie publique.

Un soir, au cercle de la rue Royale, le nom de d'Ambéry fut prononcé. L'un des assistants, le marquis de Girofosse, à qui les habiletés du baron coûtaient plus d'un million, le traita de banquier véreux. C'est, dit-il, un homme taré, bien fini, auquel un honnête homme ne pourrait désormais adresser la parole.

Fabien, pâle, frémissant, s'approcha de M. de Girofosse et le souffleta.

Le marquis est un de nos premiers tireurs ; il occupe l'adversaire, procède par une suite de feintes et de fausses attaques, et ce n'est que quand il est sûr de son coup qu'il se fend à fond et jette son homme sur le pré.

Fabien fut tué net ; l'épée traversa le cœur.

Dans une chambre aux volets fermés, entre deux cierges, le corps était étendu, disparaissant sous les fleurs. Au pied du lit, la mère, accablée, aussi morte que le mort, la mère priait...

Alors, tout doucement, un homme entra... Lui

aussi s'agenouilla, la tête baissée, comme succombant sous un fardeau d'iniquités.

La baronne se redressa, grandie, foudroyante :

— Que venez-vous faire ici? demanda-t-elle d'une voix rauque, innotable.

— Mon fils, fit le baron en sanglotant, l'espoir de ma vieillesse, l'honneur de nom !...

— L'honneur de votre nom? s'écria Fabienne; oui, c'est pour vous qu'il est mort, pour vous ! Pauvre enfant ! j'aurais dû lui dire qu'il n'avait rien à voir avec votre nom, pas plus qu'avec votre honneur...

Le baron se leva, éperdu :

— Fabienne ! murmura-t-il.

Elle croisa les bras et ricana d'un rire de folle.

— Accouchée à sept mois, n'est-ce pas ? Misérable imbécile ! Le soir où les épaules et les bras nus, puant le musc et le santal des filles, je vous ai attirée dans mon appartement, je portais depuis deux mois cet enfant de l'amour, du seul amour que j'aie connu. Vous êtes tombé dans le piège, et aussitôt après m'être livrée à vous je me suis précipitée dans ma salle de bain et après le bain, j'ai encore lavé vos traces avec de l'eau bénite... Si c'est un sacrilège, Dieu me le pardonnera. Laissez-moi pleurer mon fils, il est à moi seule... Sortez... vous salissez ce cadavre !

UNE SOIRÉE PARISIENNE

Le cabinet d'un agent dramatique. — Cartonniers à droite et à gauche. Quelques affiches collées sur le mur, remplacent avantageusement les Corot et les Millet occupés ailleurs.

Les visiteurs sont prévenus par une plaque de cuivre placée à l'extérieur qu'on entre sans frapper.

La porte s'ouvre.

— Monsieur Béchamel ?

— C'est moi, Monsieur.

Béchamel laisse tomber sa plume et, désignant une chaise :

Prenez la peine de vous asseoir.

Le visiteur :

— Monsieur, je voudrais louer la salle de la Bodinière pour y donner une audition de mes poésies.

— Rien de plus facile, Monsieur.
— Il y aura déclamation et lecture.
— Désirez-vous une conférence ?
— La conférence étant aussi une récitation, je crains qu'elle ne nuise à mon œuvre.
— Nous demanderons un préambule à George Vanor ; il sera court et brillant.
— Pas trop brillant cependant ?
— Il saura se modérer.
— Il me faudrait un peu de musique pour égayer les intervalles.
— C'est, en effet, l'usage. Une soirée entière de déclamation pourrait fatiguer le public.

M. Béchamel acquiesça d'un signe de tête.

— Pour terminer la séance, j'ai à vous offrir une pantomime en un acte, musique d'Augusta Holmès, sur un petit acte inédit d'Emile Bergerat. Du reste, si vous voulez vous en rapporter à ma vieille expérience, je vous soumettrai un programme complet. Et maintenant, à qui ai-je l'honneur de parler ?

— Voici ma carte : Roger Martin, poète mondain, lauréat du concours Clémence Isaure, à Toulouse.

M. Béchamel, faisant la moue :

— Roger Martin, c'est plat. Le public aujourd'hui aime les noms qui échappent au Bottin, des noms de facture étrangère.

— Cependant, si je veux me faire connaître ?

— On cherchera sous le masque, soyez tranquille. Le nom peut se retourner, on obtient souvent par ce moyen des noms étranges et sonores. Roger Martin retourné nous donne : *Regor Nitram...* c'est parfait. *Poésies de Regor Nitram* ; je sens le succès !

— A propos de succès, vous vous chargez aussi de l'organiser ?

— Certes, — je réponds de tout. Il y a des prix différents suivant la composition de la salle... Voici des traités tout imprimés, choisissez.

*
* *

Roger Martin lut deux ou trois traités différents et se décida pour le succès de première classe. Le traité suivant fut dûment paraphé :
« Entre les soussignés, Roger Martin, poète, inventeur de la protase en spirale et du geste perpétuel, demeurant à Paris, rue Vercingétorix, 31, d'une part ; et M. Jules-Fernand Béchamel, entrepreneur de succès, 42, rue Juliette Lamber, d'autre part, il a été convenu ce qui suit :

« M. Béchamel prend l'engagement de donner à la soirée qui doit avoir lieu le 15 février, sur le théâtre de la Bodinière (quatrième Théâtre-Français), aux frais et en l'honneur de M. Roger Martin, dit Regor Nitram, tous les soins que nécessite un événement littéraire de cette importance :

« 1° A fournir deux rangées de gens du monde et de dames décolletées, — avec diamants en diadème ou en aigrette ;

« 2° Un certain nombre de personnages importants de la colonie étrangère ;

« 3° Cinq ou six diplomates avec croix de commandeur au cou et brochettes de décorations ;

« 4° A garnir le fond de la salle et les deux côtés du balcon d'un public idolâtre qui n'applaudira que M. Roger Martin ;

« 5° Les académiciens sont comptés à part au prix de cinq francs par tête.

« M. Roger Martin s'engage de son côté à fournir la quittance de la location de la salle, à remettre à M. Béchamel le nombre de billets nécessaire et à verser aux mains dudit Béchamel une somme de huit cents francs en or ou en billets de la Banque de France.

« *Nota.* — Ce versement devra être fait avant le lever du rideau. Faute de paiement, M. Béchamel serait en droit de retirer son personnel et de faire annoncer : *Relâche par indisposition.* »

*
* *

L'affiche, ornée d'une fantaisie de Guillaume, fut apposée sur les deux côtés de la porte de la

Bodinière, et le programme envoyé par la poste, avec timbre de cinq centimes :

THÉATRE D'APPLICATION

SOIRÉE DONNÉE PAR

M. REGOR NITRAM

le 15 février 1895

Avec le concours de :

MM. *Tapin, Ric-Haneur* (de la Scala), *Nic-O' Med* (du Concert-Parisien) ;

Et de :

Mmes *Cora Bernhardt* et *Rey* (Jeanne).

PREMIÈRE PARTIE

1° Ouverture de la *Perle du Cantal* . . . . WAGNER
2° Troisième acte de *Pour la couronne* (fragments, par les artistes des Bouffes-du-Nord . . . . F. COPPÉE
3° **Étoiles, séchez vos pleurs !** poésie en spirale . . . . **Regor Nitram**
4° *T'as pas fini, Niniche ?* chansonnette exécutée par M. Alvarez (de l'Académie nationale de musique). . . . . VERDI
5° **Les Grands Hiboux,** hymne de geste perpétuel . . . . **Regor Nitram**

Entr'acte de quarante-cinq minutes

DEUXIÈME PARTIE

1º Ouverture du *Roman d'un singe*. . . . . A. Charpentier
2º *Les pleurs d'une mère*, romance . . . . G. Courteline
3º Cavatine des *Vêpres siciliennes*, exécutée par M. Deibler . . . . Desormes
4º *Un accouchement au* XIIIe *siècle*, légende en spirale. **Regor Nitram**
5º *Ça vous coup' la gueule à quinze pas*, chanson parisienne, exécutée par Mme Bréval (de l'Opéra) . . . . . Camille Cinq-Sens
6º *Plus de ciel!* rêverie blasphématoire . . . . **Regor Nitram**

La soirée sera terminée par

Prends garde à tes pieds !

proverbe mêlé d'ariettes, de M. Burani fils
Acteurs : MM. Moune et Sully
Mlle Rachel

Fauteuils réservés : 20 francs ; les dix derniers rangs : 2 fr. 50.

Secondes : 1 franc. (On accepte en paiement les timbres oblitérés.)

---

*On trouvera des billets
dans les principaux bureaux de tabac*

*
* *

Le grand jour est venu. Dès sept heures du soir, les galeries de la Bodinière sont brillamment éclairées. Un commissionnaire stationne devant la porte, dans l'intention d'ouvrir les portières des voitures.

A huit heures, un contrôleur s'installe derrière un petit comptoir vitré.

Entrent un monsieur et une dame avec des billets d'auteur. A 8 heures 1/4 M. Béchamel arrive et place ses invités. Les secondes sont déjà bondées.

Cri du contrôleur à qui un Monsieur de province remet un billet *payé*. Le contrôleur accompagne ce spectateur inattendu, le recommande à l'ouvreuse et se retire en donnant les signes d'une vive émotion.

Un instant après, Béchamel, instruit de l'incident, contemple le *payant* et se retire en disant : « Cet homme a un air d'honnêteté bien difficile à rencontrer de notre temps ! »

Le rideau se lève et le spectacle suit son cours.

Regor Nitram est religieusement écouté. *Etoiles, séchez vos pleurs !* obtient un véritable succès. Le poète est rappelé trois fois ; Béchamel lui jette un bouquet.

Le payant paraît stupéfait.

Du reste, aucun incident ne vient troubler la représentation.

L'*Hymne de geste perpétuel* ne paraît pas compris de tout le monde, mais le triomphe de Nitram n'en est pas moins complet.

Il attend que le public soit sorti pour se rendre avec quelques amis à la brasserie des Jeûneurs. Mais à peine le public a-t-il commencé à s'écrouler qu'une violente rumeur se produit. C'est le Monsieur payant qui flanque une pile au contrôleur.

LES INNOCENTS

Les Espagnols sont une noble et fière race, brave parmi les plus braves. L'Espagne a jadis imposé la loi au vieux monde et conquis le monde nouveau. Sa décadence, comme celle du Portugal, est née de son plus glorieux triomphe et de l'abus qu'elle en a fait. L'une et l'autre fondèrent par delà l'Océan des colonies immenses, soumises au monopole, et dont elles recueillirent les trésors. Fiers de cette richesse stérile pour le peuple, l'Espagne et le Portugal laissèrent à la noblesse un pouvoir sans responsabilité. L'opulence de l'aristocratie s'accrut aux dépens de la masse, dont l'activité se trouva tarie dans ses sources et qui vit ses maîtres, gorgés d'or, s'énerver et déchoir. A la dégradation physique, née des passions sans frein, de la paresse et des excès, se joignit la dégradation intellectuelle fomentée par l'Inquisition. La science proscrite, la masse terrifiée, l'examen interdit, la pensée captive, l'échange des idées considéré comme un crime conduisirent l'Espagne à l'apathie.

Dans un pays dont le sol fournit aux besoins, qui le sollicitent paresseusement, le paysan, couché à l'ombre du figuier paternel, s'endormait en rêvant à ce passé glorieux, immortalisé par les exploits de ses ancêtres.

L'Espagnol est, de tous les peuples, celui dont l'histoire est la plus sombre et la plus terrible. Partout où ont passé les Espagnols, le sang a coulé à flots.

Les tenailles, le feu ont martyrisé les vaincus. Pizarre, Fernand Cortez en Amérique, le duc d'Albe dans les Flandres, l'Inquisition dans la métropole ont rougi la terre de sang et empli le ciel de hurlements. De cette ancienne barbarie, les modernes n'ont conservé que les courses de taureaux.

Le spectacle est superbe, nous dit-on ; je n'y contredis point, mais un autodafé aussi est un beau spectacle. Un autodafé ferait encore beaucoup d'argent rue Pergolèse.

Qu'on tue le taureau dans l'arène ou qu'on ne le tue pas, peu m'importe. Il n'y gagne que le temps de passer de l'arène à l'abattoir. Ce qui me fait horreur, c'est le feu mis dans la plaie vive, c'est cette odeur de bifteck qui se dégage d'un animal que harcèlent encore les piques et qui bondit, hurlant de douleur, au milieu de ses bourreaux. C'est lâche, c'est répugnant. Et ces chevaux éventrés, dont les entrailles roulent sur le sable et dont les éperons labourent les flancs vidés ! Non, ce n'est pas là un spectacle digne d'une civilisation avancée.

*
* *

Notre époque est peu tendre pour les animaux. Le nombre des chiens amenés à la fourrière (avant le grand carnage de Pharaon Lozé) fut, pour une année, 4,348, sur lesquels 3,498 furent mis à mort — *de plano* — et 729 *livrés aux expériences*, c'est-à-dire charcutés, sciés, voués à des tortures abominables.

Quatre voyageurs, curieux des choses parisiennes, ont publié, dans le *Zoophilist*, la relation d'une visite au laboratoire du professeur X... :

« Le 12 juin, nous nous présentons au laboratoire. A peine la porte était-elle ouverte que nous entendons des gémissements et des cris. En entrant, nous voyons attaché sur une table un petit caniche sanglant, mutilé. Nous demandons ce qui lui a été fait ; on nous répond que l'estomac entier a été enlevé à 10 heures 30 du matin et qu'on veut savoir combien de temps il pourra vivre en cet état. »

(Pourquoi ?)

« Lorsque nous quittons le laboratoire, à quatre heures, le chien vivait encore. On nous raconta que le professeur X... avait une ferme dans laquelle il faisait élever des chiens pour ses expériences ; il n'avait au laboratoire que le nombre voulu pour la journée. Il s'en trouvait à ce moment-là une cinquantaine, de toutes les espèces et de toutes les tailles : deux superbes bouledogues, avec les oreilles coupées, plusieurs terriers de pure race, des caniches tondus et rasés. Evidemment, ces chiens-là ne venaient point de la campagne ; ils avaient dû être volés et vendus à l'aimable docteur.

« Lorsque nous revenons le lendemain, nous voyons deux gros chiens placés sur une table ; le premier était un terre-neuve à moitié mort de faim ; les pattes étaient tirées si violemment que nous avons pu croire ces membres disloqués. L'autre, un beau grand chien noir, attendait son tour.

« A quatre heures, on amena sept chiens et c'était pitié de voir la joie de ces pauvres animaux qui avaient été enfermés et qui remerciaient leurs tortionnaires, s'imaginant qu'ils étaient rendus à la liberté ; ils sautaient autour d'eux et leur faisaient mille caresses tandis que les bourreaux les empoignaient un à un pour les attacher sur la table de torture. Au milieu du sang et des hurlements de douleur, les opérateurs fumaient et causaient gaiement. Quand l'animal poussait des cris trop prolongés, le tortionnaire le battait en lui commandant le silence. »

Eh bien ! vrai, j'aime mieux Deibler et, réflexion faite, je ne vois plus ce que nous avons à reprocher aux picadores qui risquent au moins leur peau.

* * *

Les camarades de planète que l'homme appelle « les bêtes » ont les mêmes organes que lui ; plusieurs, tels que le chien, l'éléphant et quelques autres, ont la mémoire et le raisonnement. Brodie, après d'amples considérations sur la matière, affirme que l'intelligence des animaux est de la même nature que celle de l'homme.

Il y a, dans l'univers, une vaste existence spirituelle, comme il y a une vaste existence matérielle ; un esprit qui, selon l'expression d'un grand poète allemand, dort dans la pierre, rêve dans l'animal, s'éveille dans l'homme. L'âme dérive-t-elle de l'une, comme le corps dérive de l'autre ? Retournent-ils tous deux de la même manière à la source d'où ils émanent ?

Etant donné ce doute, ou cette croyance, avons-nous le droit de tuer les animaux pour les manger? Il faut bien reconnaître que les hommes mangent les animaux pour ne pas se manger entre eux. Bien plus, ils propagent et multiplient certaines espèces qui, sans lui, eussent cessé d'exister ou seraient d'une rareté extrême. Tout ce que l'homme, dans sa dignité, doit à l'animal, c'est de lui épargner la souffrance, la douleur.

Que serait le monde s'il n'avait d'autre habitant que l'homme ? la terre sans les hôtes des bois et des champs, la mer et les fleuves sans les poissons, l'air sans le chant des oiseaux et le bourdonnement des insectes ? Imagine-t-on ce silence lugubre, cette monotonie du désert ? Que serait la fleur sans l'abeille et le papillon, le fossé sans la libellule ? Rien au dessus, rien autour de nous, que le bruit du vent, l'éclat du tonnerre, le clapotement des eaux. La terre silencieuse comme une peinture, le paysage semblable au papier découpé !

C'est une rêverie agréable, quoique un peu extravagante, que de se figurer l'homme vivant dans une complète harmonie avec les autres habitants de la terre, l'ami de quelques-uns, le protecteur des autres, l'observateur de tous. Qui peut dire quelles relations nouvelles et imprévues auraient pu s'établir sur cette base de confiance et d'affection ?

François de Nion me disait dernièrement qu'il attendait le Christ des bêtes, le rédempteur de tous les opprimés de la nature.

L'idée d'un paradis d'animaux, se mouvant sans crainte de l'homme, n'est pas tout à fait imaginaire. Quelque chose de semblable fut réservé à quelques naufragés, abordant dans l'une des îles inexplorées du Pacifique. Des oiseaux à plumage étrange venaient au-devant d'eux, les regardant avec curiosité. Des phoques nageaient autour du canot ; les pingouins se dandinaient sur leur passage ; les gelinottes ne quittaient point leur branche. Un coup de fusil suffit à roubler cette confiance mal placée.

Ce qui gâte tout cela, c'est que les animaux se servent de nourriture les uns aux autres. Les carnassiers obéissent à leurs instincts. Il est impossible de ne pas partager l'opinion de ce positiviste qui, entendant parler par une émule de Séverine d'un âge futur où le loup et l'agneau se coucheraient l'un près de l'autre, ajoutait que l'intimité serait si complète que « l'agneau serait dans le loup ».

Le sauvage se plaît dans le meurtre ; son

frère civilisé ne connaît d'autre borne à ses penchants destructeurs que l'intérêt de sa propriété. Un grand nombre de races d'animaux a déjà disparu ; les éléphants, les girafes, les autruches auront leur tour après le castor, le buffle, le phoque. Moloch triomphe.

Un jour viendra où on ne trouvera, en battant les campagnes, ni cerfs, ni chevreuils, ni lièvres, ni lapins, ni perdreaux.

Ce n'est point par le refroidissement du globe que périra l'humanité, c'est par l'anéantissement de tout ce qui la faisait vivre.

Que de petits meurent de faim dans le terrier ou dans le nid, tandis que la mère est suspendue par les pattes ou par le bec dans le garde-manger de la ferme ou du château !

Les animaux domestiques même reçoivent la mort pour prix de leurs services.

Et que sont, après tout, ces auxiliaires de l'homme, sinon des parents pauvres ?

Quand Eve commit la grande désobéissance, Dieu lui dit : « La femme enfantera dans la douleur. »

Mais ce n'est pas seulement la femme qui enfante dans la douleur, ce sont les femelles de tous les animaux !

*

J'ai lu, ces jours-ci, dans un journal parisien,

un bout de dialogue qui en dit plus long qu'il n'en a l'air. Un enfant demande à son père.

— Pourquoi n'y a-t-il qu'un Dieu ?

Le père répond :

— Parce que, s'il y en avait deux, ils se battraient.

Eh bien ! mon avis est qu'il y en a deux, et ils se battent. Les peuples qui invoquent l'esprit du mal et lui font des sacrifices suivent certainement une tradition des premiers âges. Le bon Dieu a été vaincu, dès l'origine, mais comme il avait encore une certaine puissance, il a obtenu son traité de Francfort. Il règne sur les honnêtes gens, sur les âmes sincères, sur les animaux utiles et bienfaisants. L'autre, le Dieu du mal, commande aux conquérants, aux tourmenteurs, aux oppresseurs de tout ordre ; il a le tigre, la vipère, le scorpion, le requin dans les eaux salées, le brochet dans les eaux douces, l'homme presque partout.

Le Dieu bon nous donne le blé, la fleur, la lumière ; l'autre les reprend avec la grêle, l'orage, la tempête. Et l'homme est un si étrange produit qu'il les révère et les sert tous les deux.

D... avait à la campagne un chevreau apprivoisé que tout le monde caressait et qui léchait toutes les mains. C'était un plaisir de le voir gambader sur la pelouse et accourir vers celui qui l'appelait.

Un jour de disette, — il n'y avait rien chez le boucher du village, et des visiteurs de haute lignée étaient arrivés sans prévenir, — on tordit le col à deux ou trois poulets et on immola le chevreau.

Le surlendemain, à l'heure du déjeuner, un visiteur s'étonna de n'avoir pas vu en entrant le gracieux animal.

— On l'a tué hier, répondit D... : ce morceau de filet froid est tout ce qui en reste.

— Et vous avez le courage de le manger ?

D... répondit avec un soupir :

— Je le mange... en pleurant.

UN VOL

Arnold se promenait avec agitation sur le trottoir de la rue de Tournon. Une préoccupation évidente lui faisait le pas saccadé.

Je lui demandai :
— Tu attends quelqu'un pour le gifler ?
— Pas précisément, répondit-il. Je n'ai pas la conscience tranquille, voilà tout.
— Alors je te quitte.
— Non, reste, au contraire.

Et il ajouta :
— Je ne sais comment faire accepter deux cents francs à la concierge de cette maison qui est là.
— Si tu les lui donnais simplement ?
— Elle les a refusés.
— Insiste !
— L'insistance serait un aveu.

— L'aveu de quoi ?
— Je l'ai volée.
— Pas possible ?
— Ecoute... et juge.

Il prit un temps et continua :

— Tu sais que je suis toujours amoureux de ma femme. Après un an de mariage, cela n'est pas commun ; mais elle est si gentille, si vive, si impressionnable, que je découvre à chaque instant en elle des aperçus nouveaux. Quand nous sortons, par un beau jour, et que nous parcourons la rue de la Paix et les boulevards, elle s'arrête à tous les étalages. Elle voudrait ceci, puis cela, que je ne puis lui offrir. Elle pousse un soupir et nous continuons notre promenade. Tous ses désirs sont passagers ; comme la demoiselle aux ailes bleuâtres, elle se pose un instant sur la fleur et s'en détache bientôt sans qu'il y reste de trace. Mais, de tous ces caprices que j'ai vus naître et s'effacer tant de fois, il en est un que j'ai dû satisfaire. Avant mon mariage, Emma, qui demeurait avec sa mère dans cette maison, descendait souvent du troisième étage dans la loge de la concierge pour regarder et surtout pour entendre chanter son serin, un serin merveilleux. Jamais serin ne modula de sons plus doux, n'égrena des phrases plus surprenantes ; il eût battu, dans un concours, le rossignol et la fauvette.

Après notre mariage, Emma vint habiter avec moi mon modeste rez-de-chaussée de la rue de Vaugirard, toute heureuse d'avoir un jardin de quarante mètres carrés, ombragé par un arbre qui n'y fait pas trop mauvaise figure, quoique un peu triste, comme tous les prisonniers. Chaque fois qu'un rayon de soleil venait illuminer nos rosiers et nos dahlias, Emma s'écriait : « Comme *Titi* serait heureux au milieu de cette verdure ! » *Titi*, c'était le serin de la rue de Tournon.

Arnold interrompit sa marche.

— Touché de la persistance de cette affection, ajouta-t-il, je me rends chez la portière, je cause avec elle et, finalement, j'aborde la question :

— Ma femme me parle souvent de votre serin, lui dis-je.

— Ah ! oui, Mlle Emma avait pour lui la plus grande affection. Mais aussi, on parcourrait toute la Hollande sans trouver son égal.

— Où donc pourrais-je en trouver un semblable ?

— Pour le plumage, c'est facile ; mais pour le chant, je ne crois pas qu'il s'en trouve un autre pour lutter avec lui.

— Vous devriez me le vendre.

La concierge eut un haut-le-corps :

— Oh ! ça, Monsieur, jamais !

— Cinquante francs ?

— Pas possible.

— Cent francs !

— Je ne le donnerai à aucun prix.

— Eh bien ! deux cents francs ?

Elle jeta un regard sur la cage où *Titi* se payait une orgie de mouron, et répondit :

— J'en aurais trop de regret... Je ne puis m'en séparer.

Emma fut désolée de l'insuccès de ma démarche. La journée s'écoula tristement. Et je m'aperçus, quand nous sortions, qu'elle préféferait allonger le chemin que de passer par la rue de Tournon. Que te dirai-je ? La diplomatie n'ayant pas réussi, je résolus d'employer la force. Sur ces entrefaites arriva le crime de Lyon, l'assassinat du président Carnot. Le lendemain, alors que Paris consterné s'arrachait les journaux, je passais devant la maison de la rue de Tournon au moment où la concierge, en toilette sévère, s'apprêtait à sortir..

— Je vais voir, me dit-elle, un de mes parents qui est valet de pied à l'Elysée... Il va peut être perdre sa place. C'est mon mari qui garde la loge.

Une idée infernale traversa mon cerveau. Je sautai dans un fiacre et j'allai acheter chez un marchand d'oiseaux le serin qui ressemblait le plus à l'oiseau convoité, tant par la couleur du plumage que par une petite couronne noire sur la tête. Cinq minutes après, j'entrai dans la loge et je priai le concierge de faire pour moi une petite course pour laquelle je lui donnai trois francs. Dès qu'il eut les talons tournés, j'enlevai le merveilleux chanteur et je glissai l'étranger dans la cage. Ma femme fut dans le ravissement... Cependant j'étais torturé par le remords et quelques jours plus tard je revins chez la concierge.

— Vous avez toujours votre serin ?

— Oui, Monsieur.

— Eh bien ! je vous en offre toujours deux cents francs...

— Ah ! Monsieur ! s'écria-t-elle, je ne le donnerais pas aujourd'hui pour une fortune. Croiriez-vous que, depuis la mort de M. Carnot, il n'a pas chanté une seule fois ?

Le marchand m'avait vendu une femelle.

ÉLEVAGE

Un hourra signala la prochaine arrivée des deux concurrents.

La foule, assemblée à l'entrée du vélodrome et surexcitée par les émouvants télégrammes de la matinée, se bouscula pour les apercevoir au loin, bien loin, taches mouvantes à peine distinctes, au sommet de cette rectiligne chaussée de Nanterre qui s'allonge tout droit dans la vallée de la Seine entre le Pecq et les Ternes. Mais aucune acclamation révélatrice de la victoire ne se fit entendre, car il était impossible, à cette distance, de deviner qui, de l'homme ou de la femme, triompherait dans cette lutte mémorable. Les coureurs semblaient avoir réglé de concert leur allure forcenée. L'emballement suprême pouvait seul donner l'avantage soit au recordman français, soit à la recordwoman britannique, — à cette Lily Badcoq dont les prouesses étonnaient les vélodromes européens, ou à ce Saturnin Gabin (record des milles mètres sur piste, des vingt-quatre heures sur route, lauréat de la course Varsovie-Lyon) dont les exploits tenaient de la magie. Ce n'était pas un homme, c'était un vent.

Lutte entre la vieille Albion et la Gaule.

On se remémorait de groupe en groupe les péripéties successives du match et ses principaux incidents : comment ils avaient quitté Ispahan, tourné la mer Caspienne, franchi le Caucase, traversé le Don, l'Amour, la Crimée, escaladé les Balkans, routé parmi l'Autriche, l'Allemagne, le Luxembourg, le Nord, la Normandie, quasi d'une traite, sans un seul jour se perdre de vue, sans une faiblesse ni un accident. Depuis quelques jours, chacune de leurs étapes augmentait l'intérêt attaché à leur entreprise, l'orgueil de la vélocipédie et l'anxiété des bookmakers menacés d'une opération blanche. Un moment, de vagues informations avaient pu rompre l'équilibre des chances, le bruit courant que Lily Badcoq avait perdu quelques kilomètres en Bohême et que Gabin s'était laissé distancer dans le Tyrol. Mais la ponctuelle précision du télégraphe avait eu raison de ces inquiétudes dont l'unique effet consistait dans une exaltation fébrile des parieurs.

Et tels ils étaient partis, les deux rivaux illustres, tels maintenant ils se précipitaient vers le but, ensemble, à travers les poussières de la route.

Brusquement, ils disparurent au fond du vallon creusé par les contreforts du mont Valérien. L'attente de la foule alors s'alourdit d'une angoisse : un dénouement invisible se préparait sans doute. Un des coureurs allait reparaître seul au rond-point, sous le monument commémoratif de Barrias... Non ! On les vit de nouveau surgir ensemble de l'horizon !

Mais dès ce moment leur rapidité devint telle qu'ils en semblaient immobiles. Les spectateurs eurent à peine le temps d'évacuer la piste pavoisée d'oriflammes au fond de laquelle attendaient les juges, pâles mais dignes. La police veillait par bonheur et réussit à contenir cette multitude ardente. Des hurlements éperdus retentirent. On se parlait, on se tutoyait, on s'embrassait sans se connaître, la foule appartenant un moment à ce délire dont parle saint Thomas d'Aquin, à ce délire des feux d'artifice et des émeutes qui pousse les individus les plus étrangers les uns aux autres à subir le magnétisme des mêmes sensations, à prononcer les mêmes paroles et à exécuter les mêmes gestes, inconsciemment.

Quelques secondes encore... Enfin Lily et Saturnin entrèrent dans la piste qu'ils parcoururent comme le vent, afin d'aboutir au poteau qu'ils atteignirent ensemble. Toujours ensemble ! Si bien qu'aucun ne fut proclamé vainqueur et que cet extraordinaire effort demeura sans résultat.

*
* *

En bookmaker consciencieux, Anatole Durozoir donna l'ordre à ses employés de rembourser aux pontes l'intégralité des sommes versées, tandis que la plupart de ses collègues s'enfonçaient dans l'oubli avec des sacoches bien garnies. Il ne daigna même pas retenir la commission d'usage, dont le taux équivalait pourtant à un aimable bénéfice, aimant mieux faire convenablement les choses et mériter des sympathies en se montrant beau joueur.

Ces comptes arrêtés, il se dirigea vers le pavillon du vélodrome, afin de présenter ses compliments aux cyclistes dès qu'ils échapperaient aux violences réparatrices des masseurs et aux transports d'une plèbe idolâtre.

Tandis qu'il attendait devant la buvette en dégustant une liqueur exotique, l'observateur attentif dont Ponson du Terrail regrette l'absence en ses merveilleux récits aurait pu, passant là d'aventure, l'entendre monologuer ainsi :

— Pourquoi pas ?... L'expérience, conseillée par la science, est presque garantie par la nature.

Le règne animal la voit se renouveler chaque jour et réussir même dans quelque circonstance excentrique. L'ethnographie m'encourage, l'intérêt me détermine, l'avenir du sport m'inspirera et me protègera. C'est un axiome de physique que, lorsque deux forces se rencontrent, il faut qu'elles aient une résultante... Lily Badcoq et Saturnin Gabin resteront deux forces perdues tant qu'ils rouleront à travers monts et vaux parallèlement l'un à l'autre, c'est-à-dire sans jamais se rencontrer... Il importe donc qu'ils se rencontrent. Et quelle rencontre plus immédiate, plus absolue, que le mariage ?... Isolés, Lily et Saturnin sont à ce point identiques qu'en quinze journées d'émulation aucun des deux n'a pu gagner une longueur sur l'autre. Accouplés, ils ne peuvent manquer de donner des produits qui feront un jour l'orgueil du turf français.

Le soir même, il réunit à dîner les deux cyclistes et leur fit part de son rêve.

Cette idée de mariage fut d'autant mieux accueillie par Lily et Saturnin qu'ils se détestaient en se jalousant et se trouvaient complètement ruinés par leur match Ispahan-Paris. Durozoir n'eut point de peine à leur démontrer combien cette épreuve était décisive et qu'il leur fallait renoncer désormais à une rivalité sans espoir.

— Vous serez bien avancés, leur dit-il, quand vous vous serez obstinés à courir le monde côte-à-côte, presque sans boire, ni manger, ni dormir, en vous défiant du regard et vous souhaitant mal de mort tout le long de la route. Vous êtes tous deux en âge d'épousailles, car le célibat n'a qu'un temps et l'homme n'est pas fait pour vivre seul. Et avec qui pourriez-vous contracter mariage ? Vous voyez-vous, vous, Lily, unie pour la vie à quelque conjoint jaloux et sédentaire qui ne pratiquerait point la pédale et ne consentirait sous aucun prétexte à vos courses transeuropéennes ? Et vous, Saturnin, que deviendriez-vous au coin du feu, dans la vie d'intérieur ?... Mes bons amis, je vous le dis en vérité, vous fûtes créés et mis au monde pour vivre ensemble.

Et il ajouta d'un ton péremptoire :

— D'ailleurs je vous dote et je vous installe !

Le temps strict des publications légales écoulé, le mariage fut célébré.

Durozoir avait fait aménager pour le couple une villa des environs de Paris sur la meilleure de nos routes nationales. Point de jardin. Sur l'emplacement, une piste de mille mètres de tour, aux tournants un peu brusques, s'allongeait pour les exercices quotidiens, sous un vitrage qui défiait l'averse et proscrivait la boue. Les installations hydrothérapiques firent l'admiration de la noce.

ÉLEVAGE

C'est là qu'eut lieu le banquet solennel présidé par Durozoir, vis-à-vis de qui trônait la mariée flanquée de ses deux témoins qu'elle appelait ses entraîneurs.

Victor Hugo parle, dans un de ses chefs-d'œuvre, de l'ange pensif et radieux qui veille, un doigt sur la bouche, au seuil des alcôves nuptiales. Ce factionnaire divin n'eût guère à faire dans le vélodrome intime où Saturnin et Lily pouvaient cacher leur ivresse. Ils se séparèrent dès après le départ de leurs convives et procédèrent aux formalités habituelles de leur toilette nocturne : évaluation du poids acquis ou perdu, frictions à l'alcool, gymnastique de chambre pour entretenir le jeu des articulations et la souplesse des muscles, sudations et douches, massages locaux, lotions toniques, ingurgitation de boissons débilitantes. Ce fut long, ni elle ni lui n'ayant roulé de toute la journée. Ils s'endormirent enfin, épuisés, lisant, pour s'achever, quelque traité spécial sur l'entraînement d'après le système Schweininger ou sur le pneumatique increvable et son adaptation aux machines de course.

Le lendemain matin, sans qu'ils s'y fussent assigné rendez-vous, ils se retrouvèrent à la même heure sur leur piste particulière où les exercices reprirent de plus belle. A midi, ils déjeunèrent après la douche et le tête-à-tête roula presque uniquement sur des questions de métier. Quand Durozoir les vint visiter, la bonne lui apprit que tous deux venaient de sortir, chacun dans une direction différente, pour « couvrir » cinquante ou soixante kilomètres avant le dîner.

Vaguement inquiet, Durozoir imagina de leur faire présent d'un tandem afin de les amener à rouler sur la même unique machine. A voyager ensemble, ils se lieraient davantage. Ils y consentirent ; mais le malheur voulut qu'ils pédalassent selon deux méthodes différentes, également excellentes, mais absolument inconciliables. Une première promenade faillit les brouiller à jamais. Force fut à Durozoir de retirer son tandem dont l'usage eût divisé cette union si bien assortie. Mais comme, pour avoir abdiqué toute intention de concurrence, les époux n'avaient pas renoncé aux triomphes du vélodrome, ils retournèrent sans discontinuer à leurs exercices et ne négligèrent aucune occasion de se mesurer avec les recordmen en renom.

L'habitude est une seconde nature, dit la sagesse des nations. Erreur. C'est la première.

*
* *

Cependant, vers le troisième ou quatrième mois

des noces, un entretien sévère et mystérieux réunit un soir le bookmaker et son protégé. Durozoir fut sans doute éloquent jusqu'à la persuasion, car, de deux jours, les jeunes mariés ne mirent le nez dehors. Et, quelques semaines après, Durozoir fut avisé que la sélection tant attendue s'annonçait par des symptômes irrécusables. D'ores et déjà il fut arrêté que l'enfant à naître de ces parents prédestinés serait voué au sport cycliste et engagé dans les principales courses dès avant sa naissance, comme il se pratique pour les chevaux dans le Grand-Prix de Paris. Cet enfant reçut par avance le nom de Camille, le seul qui puisse s'adapter indifféremment à l'un ou à l'autre sexe.

Logique et diligent, Durozoir transmit la nouvelle aux organisateurs des matchs gigantesques qui devaient être courus, quinze ou dix-huit ans plus tard, à Vienne, Paris, Londres, New-York, Bruxelles, Chicago, Melbourne, etc. ; et l'enfant figura dès lors sur les programmes futurs avec la mention suivante :

« Camille, par Lily et Saturnin ».

Puis il attendit.

Jamais éleveur soucieux de ses écuries ne montra plus de sollicitude que le bookmaker visitant les époux Gabin dans leur vélocipédière. Il avait pris dans la maison, sans en demander la permission, l'autorité maîtresse d'une belle-mère sur le ménage de sa fille enceinte. Il réglait l'emploi du temps, l'heure du lever et du coucher, le menu des repas, le temps permis aux exercices. Le soir, sous la lampe, tous trois parlaient d'avenir, d'espérances, de gloire future, en aidant la jeune femme à confectionner la layette. C'était charmant.

On a bien raison de dire que la maternité transforme les femmes. Lily n'était plus reconnaissable. L'œil humide, la voix attendrie et chantante, elle bégayait son maternel amour en formules ambitieuses. Après avoir longtemps soutenu la supériorité de la femme sur l'homme dans le cycle, elle souhaitait maintenant la venue d'un fils infatigable et pourvu de machines perfectionnées couvrant neuf mètres et demi d'un coup de pédale. Saturnin consentait à la retraite. Place aux jeunes ! Tout pour l'enfant ! Sa femme et lui se retireraient quelque part, vers l'avenue de la Grande-Armée, dans un commerce de location et vente de bicyclettes, — comme Terront après la course de Pétersbourg-Paris.

*
* *

Il naquit enfin, l'enfant si ardemment désiré, fils de la spéculation, de la science et de la volonté humaines, baby conçu selon la formule, presque sans amour, sans baisers et sans caresses.

C'était bien l'enfant du cycle : la tête toute petite, des mollets énormes, des bras atrophiés, l'épine dorsale gibbeuse, ployée en demi-cercle, le siège étroit, les genoux cagneux, les épaules en dedans, le sexe à peu près nul.

— Quel chef-d'œuvre ! s'écria Durozoir.

Et, de fait, le fils de Lily Badcoq et de Saturnin Gabin réalise bien le chef-d'œuvre de cette imagination pervertie et féconde cependant qui permet aux hommes véritablement pratiques d'obtenir les mulets, les bardeaux et les léporides.

Qu'il soit appelé aux triomphes du vélodrome universel, cela ne fait point doute, mais cela à l'état de type unique et monstrueux, incapable de reproduction.

UN FUSILLÉ

Jean Lormier était fils d'un chapelier de la rue de Rambuteau, lequel n'avait qu'une ambition : faire de son fils un fonctionnaire. Inspecteur des eaux et forêts, ingénieur, sous-préfet, peu lui importait, pourvu que Jean portât un habit brodé et un chapeau à cornes. Le père Lormier, qui avait péniblement amassé sept mille francs de rente, n'hésita pas à faire entrer son fils au lycée Louis-le-Grand. Les camarades se passèrent bientôt de main en main le prospectus que l'honnête chapelier faisait distribuer dans son quartier : « Lormier, inventeur du simili-castor. Prix unique : 3 fr. 50. On dira pourquoi. »

Et, dès que commençait la récréation, chacun venait tendre sa casquette à l'élève Jean, en disant : « Un coup de fer, s'il vous plaît ».

Un jour, Jean Lormier perdit patience ; il envoya de droite et de gauche quelques coups de poing d'une belle envolée : un nez saigna, un œil fut poché, une dent tomba sur le gravier, et quand Jean eut passé douze heures au séquestre, il rentra dans la vie en toute indépendance ; comme tous les hommes forts, il fut entouré de nombreux amis. De ce jour, Lormier, nature froide et sérieuse, se donna tout au travail. Chaque année, il figura au premier rang dans le *Palmarès* et, au concours général, le prix d'honneur lui fut décerné. Il dîna chez le ministre et n'eut qu'à choisir une carrière à son gré. De nombreux avantages étaient attachés aux prix d'honneur. Il pouvait entrer tout droit à l'École normale, à Polytechnique.

Il n'avait à subir aucun examen d'admission pour les ponts et chaussées, les mines, l'artillerie. Jean Lormier opta pour l'Polytechnique et endossa la tunique plastronnée, qui, avec l'épée et le chapeau à cornes, indique la supériorité de cette institution. Il passa deux ans dans cette couveuse de savants ; il y apprit beaucoup de tout et plusieurs autres choses encore : sections coniques, fortifications, architecture, chimie. Il en sortit myope, voûté et en proie à des migraines chroniques. Après avoir payé sa dette à la fièvre cérébrale, il fut nommé ingénieur de cinquième classe à Poussarieux : un amas de maisons biscornues sur un sol crayeux, dans le sous-Midi. Les rues y étaient ba-

layées par le vent, la boue enlevée par les averses.
Personne n'y avait la moindre notion des rouages
administratifs. Les gens payaient l'impôt, le percepteur encaissait. Le notaire faisait des actes,
l'huissier noircissait du papier timbré, sans que
personne cherchât à s'expliquer le pourquoi et le
comment des choses. Quant aux employés du
gouvernement, ils émargeaient leurs appointements avec sérénité, ayant pour tout souci de
faire une partie de piquet ou cinquante points au
billard. Poussarieux possédait comme tous les
chefs-lieux de France, une légion de fonctionnaires.
Il y en avait en tout et partout, logés dans tous les
coins, voraces comme des rats, paresseux comme
des lézards, importants comme des dindons.
C'étaient d'abord un préfet, un secrétaire général
et trois conseillers de préfecture, un président du
tribunal, quatre juges, deux juges de paix, un pro-
cureur impérial, deux substituts, deux greffiers, un
receveur général, deux percepteurs, un receveur
municipal, un directeur et un inspecteur de l'enregistrement, un vérificateur des domaines, un conservateur des hypothèques, un vérificateur des
poids et mesures, un directeur de la douane, deux
lieutenants, un conservateur des forêts (il n'y avait
pas quinze arbres dans les environs), un inspecteur, un sous-inspecteur, un garde général, un
commissaire central, deux commissaires de police, trois secrétaires, un capitaine et un lieute-

nant de gendarmerie, un recteur et un proviseur, un directeur des postes, quatre employés, un conservateur des archives, deux sous-archivistes, un bibliothécaire, un inspecteur des lignes télégraphiques, un directeur de transmission, un ingénieur en chef des ponts et chaussées, un ingénieur, un sous-ingénieur, un agent-voyer, un évêque, deux vicaires généraux, un doyen, un archidiacre, un official, un vice-official, deux assesseurs, un promoteur, un vice-promoteur, six chanoines, quatre curés, onze vicaires. Venaient ensuite une légion de cent quarante-sept employés de tous grades et de multiples administrations, postes, finances, police, prisons, etc. En résumé, Poussarieux coûtait à l'Etat plus de quatre millions par an.

Le bruit se répandit un matin dans la ville qu'un jeune ingénieur, ennemi des abus, partisan des idées nouvelles, venait de descendre à l'*Hôtel du Commerce*, en attendant qu'il eût trouvé un logement à son gré. Qu'allait-il changer ? Quelle réforme, ou plutôt quel trouble pouvait-on craindre de sa part ?

Le préfet prit des renseignements sur son compte. M. Jean Lormier avait fait observer qu'on employait trois ingénieurs à un travail qu'un seul pouvait mener à bout sans fatigue aucune, que le directeur des travaux était affligé d'une surdité qui, en certaines circonstances, présentait de sérieux dangers pour les ouvriers.

Le préfet envoya une invitation à son thé hebdomadaire à ce dangereux observateur.

— Monsieur, lui dit-il entre l'anchois et le sandwich, vous jouez un jeu bien périlleux. Un abus prolongé devient une sorte de loi, de celles qu'on nomme *coutumes du pays*. Tous les gens en place doivent cette place à quelqu'un ; un petit fonctionnaire a été pourvu par un protecteur influent: c'est à ce dernier que vous aurez affaire. Pourquoi troubler la tranquillité de gens qui vivent comme ont vécu leurs prédécesseurs ? L'ingénieur en chef, dont vous critiquez les plans, est le parent du secrétaire particulier du ministre des travaux publics. Vous serez brisé.

— Pardon ! Monsieur le préfet, répondit Lormier en tirant de sa poche un fort cahier couvert de figures géométriques et surchargé de notes; voici la route projetée par M. Vieillesouche, que vous honorez de votre confiance. Elle traverse un plateau aride, sans abri naturel, et allonge le trajet de deux heures environ. Il est vrai que cette route donne une plus-value aux propriétés de quelques gros personnages du pays. Celle que je propose est abritée par une chaîne de coteaux, elle dessert deux ou trois villages et les relie au chef-lieu, et, par surcroît, on réalise une économie considérable sur les frais d'établissement et d'entretien.

— C'est possible, dit le préfet ; mais que de mécontents !

— Le monde officiel, prononça gravement Lormier, n'est pas une chasse gardée.

— Enfin, reprit le préfet, c'est M. Vieillesouche qui a établi le canal de Feuoul à Saint-Labiens...

— Le canal a crevé, fit observer Lormier, inondant des lieues de pays.

— Il a fait, dans les Pyrénées, le pont suspendu du torrent d'Annibal.

— Le pont s'est dépendu au bout de dix mois, grommela Lormier.

— Et l'aqueduc de Citray.

— Il s'est déversé sur trois villages, il a noyé cent cinquante habitants et deux mille têtes de bétail !

— Ce sont là des malheurs inévitables, fit observer le préfet. Ces accidents ont un bon côté ; on parle de l'ingénieur ; les uns l'attaquent, les autres le défendent et sa réputation s'établit. Voyez ce qui s'est produit pour le chemin de fer d'intérêt local, de Sarremanche à la Brière. La ligne ne faisait pas ses frais, il n'y avait ni voyageurs ni transports de marchandises. A l'assemblée générale annuelle, un actionnaire prit la parole : « Messieurs, dit-il, notre chemin de fer n'est pas connu. Il ne s'y est produit jusqu'à présent ni déraillement ni rencontre de trains. Il faudrait un bon accident pour nous classer ! »

M. Vieillesouche fut appelé. Il rectifia certaines courbes et, quinze jours après, deux mécaniciens, un chauffeur et trois militaires en congé furent réduits en bouillie. Tous les journaux en parlèrent et, à partir de ce jour, la ligne n'a cessé de prospérer !

Jean Lormier se leva, s'inclina légèrement devant le préfet — et tourna les talons.

Cinq ou six jours après, les gros bonnets de Poussarieux sortirent de chez eux tout effarés, courant de l'un chez l'autre. Un journal de Paris, le *Rabelais*, s'était permis d'attaquer l'administration routinière de Poussarieux. L'auteur, qui signait *Judex*, annonçait deux lettres par semaine ! Que serait-ce bientôt, si l'on en jugeait par la violence de la première lettre ? Le préfet y était comparé à une oie gravée, l'ingénieur en chef traité de goîtreux, le maire qualifié de crétin surfait !

Le doyen de Saint-Boniface, l'abbé Coqenpâte, fit une entrée sensationnelle à la préfecture.

Il était rouge et haletant.

— Monsieur le préfet, s'écria-t-il en brandissant le numéro du *Rabelais*, c'en est fini du calme et de la prospérité de Poussarieux... Avez-vous lu ?

— Oui, fit le préfet d'une voix caverneuse. Le respect s'en va, la discipline est perdue. Dès réformateurs de brasserie s'emparent subrepticement de la France !...

— Je crois connaître l'auteur de cet article infâme, continua l'abbé Coqenpâte. C'est certainement ce jeune homme récemment arrivé parmi nous, un révolutionnaire, un terroriste?... N'a-t-il pas osé me dire, dans votre salon même, que les Pères de l'Eglise étaient des sophistes ignorants et d'une insigne mauvaise foi ?

A ce moment, la préfète, qui avait aperçu une soutane, entra dans le cabinet de son mari et continua la conversation comme si elle avait écouté à la porte.

C'est lui, n'en doutez pas ! s'écria-t-elle. Quand je lui ai demandé s'il se plairait chez nous, il m'a répondu qu'il s'y trouverait très bien si l'on rebâtissait la ville après en avoir délogé les habitants.

Seul, un jeune homme, un sous-lieutenant qui logeait en garni dans la même maison que Lormier, s'intéressait au sort de cet homme jeune, grave et convaincu. Il avait, plus d'une fois, été frappé de la rectitude morale de son voisin, de son mépris pour la routine et de sa légitime indignation contre les abus monstrueux auxquels il se heurtait.

— C'est le peuple qui paie, avait dit Lormier, et que paie-t-il? L'oppression qu'il subit, le gaspillage qui le ruine !

— Vous ne réformerez rien, mon brave ami, lui dit l'officier, M. de Bordenave. On n'arrive que *par les ornières*. Eussiez-vous cent fois raison, vous serez terrassé.

— Eh bien ! je serai terrassé ! répondit froidement Lormier.

L'événement ne se fit pas attendre. Huit jours après, il reçut un pli cacheté à la cire et lui adressant l'avis suivant :

MINISTÈRE DES TRAVAUX PUBLICS

« Monsieur, j'ai le regret de vous informer que votre parti-pris de dénigrement, votre esprit d'insubordination, qui se produit même dans des journaux hostiles au gouvernement, ont motivé des plaintes légitimes de votre chef, M. Vieille-souche, et du préfet du département du *Tarn-et-Mufle*.

« En conséquence, votre révocation a été décidée.

« J'ai l'honneur d'être, Monsieur...

Le ministre des travaux publics,

JULES BARBOTEUR. »

Jean Lormier haussa les épaules, fit sa malle et reprit le train. Vivement sollicité par l'idée de justice, il entra comme rédacteur au *Bouleversement*. Les articles qu'il publia sous le pseudonyme de *Jean le Fossoyeur*, firent trembler sur sa base d'argile le ministère Olivier. « C'est la guerre qui vient, *olivier en main !* » s'écriait-il un jour. Et la prédiction ne tarda pas à se réaliser.

On les vit à l'œuvre, alors, ces ingénieurs comme Vieillesouche, ces généraux jaloux de la faveur du maître, ces intendants qui n'avaient rien prévu, ces stratégistes d'école. « Il ne manquait pas un bouton à nos guêtres, écrivit Jean le Fossoyeur, par la raison que nous n'avions même pas de guêtres ! »

De la colère des Parisiens sortit la guerre des rues. Le terrain fut perdu pied à pied...

Le canon grondait autour de Paris ; les voitures d'ambulance revenaient chargées de blessés. A l'angle de la rue du Bac et de la rue de Grenelle, deux hommes se rencontrèrent : l'un était Jean Lormier, surpris les armes à la main ; l'autre, l'ex-officier de Poussarieux, M. de Bordenave. Des deux hommes, ce fut l'officier qui pâlit.

— Vive la Commune ! cria Lormier.

Il s'appuya contre le mur et croisa les bras. En face de lui, les canons de fusil, frémissant d'impatience, attendaient le commandement.

Le capitaine Bordenave restait hésitant ; il ouvrit la bouche et ne put proférer un son ; deux larmes mouillèrent ses yeux.

— Merci ! lui dit Lormier.

Et d'une voix forte, il cria :

— Armes ! En joue ! Feu !

Il tomba criblé de balles.

On sait que, depuis ce temps, les abus ont disparu. L'administration a été réduite à son expression logique, il n'y a plus de sinécures, les impôts ont été considérablement réduits et tout marche pour le mieux dans la Chine d'Occident qui a Paris pour capitale.

FANTOME

L'atelier de Sorel est situé en haut de la rue de Rome, dans une maison qui longtemps fut habitée par Maxime du Camp. Une chambre élégante et confortable, bien connue des modèles, et une salle à manger à laquelle on accède par un escalier en vieux chêne composent tout l'appartement. Les meubles, achetés un à un, au hasard des flâneries intéressées, sont tous d'un choix et d'un goût exquis. Pas un panneau rapporté, pas un cuivre qui ne soit *du temps*. Aux murs, des toiles d'amis, échange de souvenirs, têtes de femmes, baigneuses, paysages, quelques études de Sorel lui-même, puis des statuettes, plâtre ou bronze. Tout cela est d'une vision gaie. On peut s'imaginer que, la nuit, tout ce monde revit comme dans la *Fée des poupées*, le joli ballet de l'Olympia, où les yeux de Mlle Willy humilient la lumière électrique, et qu'il y a, dans l'atelier de Sorel, des galops de nymphes et de bouddhas, des valses de reîtres et de chastes Suzannes. Trois fois par semaine, quelquefois plus, jamais moins, j'allais, vers quatre heures, fumer un cigare chez Sorel ; il y avait là un passage de mondains et de comédiennes, comme au pavillon d'Armenonville ou à la Cascade, à l'heure du Bois.

Un jour, par une simple curiosité, je soulevai une draperie accrochée sous l'escalier de chêne et je ne pus retenir un cri de surprise et d'admiration en apercevant une adorable tête de jeune fille soustraite aux regards des visiteurs. Elle était blonde, ses cheveux négligemment nattés roulaient sur ses épaules. Sur son front, une couronne de fleurs ; mais ce front de jeune fille était pâle plutôt que blanc ; les yeux grands, quoique demi ouverts, avaient un regard terne et comme affaibli ; le sourire aussi était pâle, attristé. Dans cette couronne de fleurs, lilas blancs et roses mousseuses, dans ces cheveux blonds, dans cet aspect de fête sur fond de tristesse, la pensée cherchait le motif de la souffrance et l'*Adieu* de Schubert soupirait sa plainte comme à travers une harpe éolienne :

> Voici l'instant suprême,
> L'instant de nos adieux !

— Ah ! vous avez trouvé le portrait ? fit Sorel.
— Elle est morte ? demandai-je.
— Oui. Je la cache à tous et à moi-même, sans avoir le courage de livrer son image au feu. L'histoire est simple. Je vis pour la première fois cette jeune fille aux Pyrénées. Elle était orpheline, confiée aux soins d'une tante, brave femme, bonne, banale, avec des fils blancs dans les cheveux. Un de mes amis, Richard Lérieux, vous savez, fils d'un général de brigade, me présenta à ces dames. Elle, Blanche un nom banal, qui ne dit rien, me parut charmante, d'un esprit fin, délicat. Richard me dit qu'ils avaient été élevés ensemble ; que, depuis longtemps, leur mariage était décidé... Ce fut tout pour la saison. L'hiver suivant, je les revis au bal, une fois chez Mme Lemaire, une autre fois chez le docteur Fauvel. Elle valsait avec celui qu'elle aimait, qu'elle devait épouser. Son visage, ses yeux, son sourire extatique exprimaient un de ces amours complets, impérieux, qui doivent remplir toute une vie. Il n'y avait qu'un homme pour cette jeune fille : l'avenir s'arrêtait à lui.

Le général Lérieux possédait de vastes territoires en Annam. Une partie lui avait été concédée, il avait acheté le reste. Richard fut chargé d'aller procéder à certaines installations en vue d'exploiter ces terres.

Il était parti depuis six mois, quand un soir,

au moment où j'allais sortir, on me remit une lettre. « Madame de V... prie instamment M. Sorel de venir tout de suite chez elle. Emporter sa palette et ses pinceaux. Demain, il serait peut-être trop tard. »

Je pris l'attirail, tout ce qu'il faut pour peindre, et je me jetai dans un fiacre.

— Entrez, monsieur, me dit Mme de V..., et marchez doucement, je vous prie... Le moindre bruit *lui* fait tant de mal !

Elle était là, dans sa chambre de jeune fille. Un lit tout blanc, un crucifix au mur, avec une branche de buis bénit.

Je vis se soulever une tête d'enfant, la figure étirée par la souffrance, les joues creusées.

— Monsieur, me dit-elle, je vais mourir... mourir sans l'avoir revu !... Je veux qu'il ait au moins mon image. Ne me faites pas tout à fait comme je suis. Rappelez-vous ce que j'étais... Quand celui qui devait être mon mari voudra regarder encore celle qui l'aimait, qu'il me retrouve un peu comme il m'a connue...

— Jeanne, dit-elle à sa femme de chambre, tresse mes cheveux comme autrefois. Et puis, donne-moi cette couronne... elle est semblable à celle que je portais au bal blanc où il est venu avant de partir.

Et je fis le portrait, me retournant de temps en temps pour essuyer une larme.

Je la vois encore, si près de la mort, arrangeant devant un miroir la couronne sur son front.

Son âme passait à travers sa peau...

Ma main tremblait, mon ami. Elle, plus forte que moi, forte par son amour, se maintenait soulevée sur ses oreillers ; ses poignets affaiblis pliaient et ne pouvaient plus supporter le poids de son corps, mais ses lèvres gardaient un sourire extatique...

Elle mourut cette nuit-là, vers l'aurore.

Un an plus tard, Richard revenait de l'Annam et me rendit visite. Il inspecta mon atelier en sifflotant, puis, tout à coup, me dit :

— Ah ! vous savez, cette jeune fille que vous avez vue aux Pyrénées ?

— Quelle jeune fille ?

— Celle que je devais épouser... Blanche !

— Eh bien ?

— Eh bien ! elle est morte.

— Ah ! bah !

— Oui, on m'a écrit ça là-bas. Cela ne m'a point surpris. Elle était jolie, mais un peu maigre. Aimez-vous les femmes maigres, vous ? Moi pas !

Et prenant une pipe sur la cheminée, il ajouta :

— Vous permettez ?

Ah ! gredin ! Dire que j'allais profaner ce portrait en le lui donnant !

Je cachai avec soin cette image de la pauvre morte, et, de temps en temps, je soulève la tapisserie et, de deux doigts sur ma lèvre, je lui envoie un baiser... qui, peut-être, va la trouver dans sa tombe !...

Et Sorel pleura.

L'INSOLENT

Le comte des Haltères (Bichonnet pour les dames) se plaît à flotter entre vingt-neuf et trente ans. Joli garçon, un peu mastoc, trop soigné, peigné, léché, ciré. Coup de fer quotidien à la moustache qui, de chaque côté, se dresse en fer de lance ; deux centimètres de plus, la pointe lui crèverait les yeux.

Des Haltères fait courir ; *Jolie-Poule* et *Alicante* portent ses couleurs ; il est membre de l'*Esbrouffant* et préfère le café-concert au théâtre. Depuis un an il n'a vu que deux pièces, *Champignol malgré lui* et *Mme Sans-Gêne*. Il aime mieux *Champignol*.

Quand il entre au restaurant, le maître d'hôtel prend le ton du commandement :

— Une table pour M. le comte... Voyez !

Trois ou quatre garçons se mettent en mouvement. L'un prend la canne et le chapeau, l'autre saisit délicatement le pardessus.

Des Haltères s'est fait la réputation d'un mauvais coucheur ; il parle sec, brusquement, et, d'un air provoquant, il regarde autour de lui, autant avec ses moustaches qu'avec ses yeux. Il a eu deux ou trois duels au premier sang ; une piqûre à la main, un ongle éraflé, et les médecins intervenaient. Sur le terrain, il rompt beaucoup en tendant le bras. Quinze mètres ne lui suffisent pas.

— Rompre n'est pas fuir, dit-il un jour à un témoin qui lui adressait une observation.

Le témoin répondit :

— Sans doute... mais fuir n'est pas rompre.

***

Le jeune comte est très dur pour les garçons de café. Il prend son apéritif chez Willam's, Newport bar, où se trouvent tous les soirs de six heures à sept heures et demie une joyeuse bande de bicyclistes, jeunes hommes et femmes élégantes qui ne mettent jamais d'extrait de naissance à leur mouchoir.

C'est là particulièrement que des Haltères déploie son insolence. Il s'y trouve un garçon nommé Richard, dont la patience est inépuisable.

Des Haltères entre :

— Richard !
— Monsieur le comte !
— Un sherry-brandy.
— Bien, monsieur le comte.
— Et pas d'une bouteille entamée !
— Bien, monsieur le comte.
— Dépêche-toi.

Richard revient, débouche la bouteille et remplit le verre de l'impératif gentilhomme. Celui-ci trempe les lèvres dans le verre et fait la grimace.

— Qu'est-ce que tu me donnes à boire, salaud !
— Mais, monsieur le comte...
— Tais-toi ou je t'envoie mon pied quelque part... Imbécile ! il est passé, ton sherry-brandy !...
— Pas possible !... La bouteille sort de la cave.
— Je crois que tu te permets de raisonner ? Va me chercher du gin...
— Bien, monsieur.
— Avec un soda.

Richard revient avec la consommation demandée.

— Pas de ce gin-là... Prends une vieille bouteille... Dis au patron que c'est pour moi... Tu es vraiment trop bête, à la fin !

Les buveurs sont pleins d'admiration pour cet

homme élégant et impitoyable. En voilà un qui se moque des révolutions ; il est resté l'homme du dix-huitième siècle, que dis-je ? du dix-septième. C'est bien le descendant direct de ceux qui rossaient le guet. Ah ! il ne faut pas le prendre de haut avec lui !

*
* *

Mais la gloire n'est qu'une fumée. Mercredi soir, le Petit Lampiste, l'un de nos plus jeunes viveurs, ayant absorbé trop de gin à la cannelle, s'était affalé dans un box.

Tout le monde était parti, sauf des Haltères, et le Petit Lampiste, tout ébahi, put assister à la conversation suivante :

RICHARD. — Monsieur le comte me doit dix-sept francs d'hier, plus quatorze francs d'aujourd'hui.

LE COMTE. — Comment cela ! Vous gonflez les notes !

RICHARD. — Mande pardon, Monsieur le comte, je respecte absolument le tarif convenu. Si vous croyez que ça m'amuse d'être insulté tout le temps !... Hier, Monsieur le comte m'a traité d'imbécile, de maroufle, d'idiot et de crétin... A deux francs le gros mot, cela fait huit francs. Menace d'un coup de pied, cinq francs ; cela fait treize... Avoir levé la main sur moi, quatre francs, soit dix-sept. Ce soir, Monsieur le comte a été plus réservé, aussi n'en a-t-il que pour quatorze francs.

Le comte. — Cela fait beaucoup d'argent à la fin du mois !

Richard. — Je n'ai accepté ce contrat que parce que j'ai deux enfants, mais je vois bien que mes collègues me méprisent. Je leur dis : « Monsieur le comte est si bon garçon que je lui passe tout ! » Cela n'empêche pas qu'on se moque de moi. Aussi je suis prêt à résilier.

Le comte. — Non, non, voici ton argent. Si je changeais de ton, je perdrais tout mon prestige !

Richard. — Je préviens d'ailleurs Monsieur le comte que, s'il renonçait à notre traité, au premier mot qui lui échapperait, j'aurais le regret de lui flanquer une paire de gifles !

LA CAISSE DES BAISERS

A Londres, dans Somerset-House, où sont conservées les archives anglaises, on montre aux curieux, pour la modeste somme d'un shilling, le tableau complet des nuits d'amour conjugal de la reine Victoria avec le prix de revient de chaque baiser. Les souverains n'ont pas d'alcôve ; ils aiment en vertu de la Constitution et selon l'étiquette. Leur intimité appartient à l'histoire. Les feuilles officielles annoncent la grossesse des reines, qui accouchent devant témoins, ambassadeurs et hauts fonctionnaires désignés par le protocole.

Quand le prince Albert devait passer la nuit chez la reine son épouse, la décision en était signifiée avant le dîner à la grande-maîtresse des robes par la reine et à un chambellan de service par l'époux.

Des ordres étaient donnés au personnel des appartements. Vers huit heures, le chambellan se présentait chez la souveraine et remettait à la grande-maîtresse une petite valise contenant le linge de nuit, chemise, bonnet de soie, caleçon, mouchoirs, plus un bon représentant la valeur d'un citron, d'une bouteille de soda et de quelques morceaux de sucre pour la limonade que le prince consort avait coutume de boire la nuit. Au matin, la grande-maîtresse faisait retourner la valise et présenter le bon au trésorier du mari qui l'acquittait.

Ce sont ces comptes de limonade que l'État conserve à Somerset-House.

L'histoire y relèvera quelque jour qu'en 1840, première année du mariage, il n'en coûta que cinquante-deux citrons, un par semaine, pour perpétuer en Angleterre la dynastie de la maison de Hanovre. Cette lésinerie aboutit à la naissance d'une fille qui devait plus tard épouser le prince royal de Prusse et ne régner que cinq mois sur l'Empire allemand. L'année suivante voit doubler le nombre des limonades ; résultat : le prince de Galles. Le chambellan avait délivré plusieurs fois des bons de deux citrons pour une seule nuit.

Le prince d'Edimbourg a nécessité une dépense de trente-deux francs de limonade. Douze citrons ont suffi pour le duc d'Albany qui naquit avec une seule peau et mourut de froid à Cannes, au printemps. A partir de 1853, les chiffres diminuent ; il y a des années de six limonades. Il est vrai que le prince-consort eut toujours un petit ménage en ville.

*
* *

Mme Rose Duchemin n'entendait rien aux usages des cours quand elle imagina une sorte de comptabilité analogue. Ce ne fut qu'après trois mois de mariage qu'elle eut la hardiesse de communiquer son idée à M. Duchemin. Désormais elle ne recevrait plus un seul baiser sans recevoir un gage. Le total devait, du reste, entrer dans la communauté. Duchemin, tout en protestant contre le principe, se vit obligé de laisser tomber au fond d'un coffret une pièce d'or. Mme Duchemin portait, rivée à son bracelet, la clé de la tirelire. Elle s'engagea à gérer ce trésor d'amour jusqu'à la vingt-cinquième année de leur union, et le produit serait affecté à la célébration des noces d'argent. La caisse fut placée dans l'armoire à glace.

— Il y a trois mois que nous sommes mariés, soupira Rose ; je crains d'avoir perdu nos plus belles recettes.

— Tout peut se réparer, répondit hardiment Duchemin.

Il paya régulièrement ses impositions sans

songer à l'économie. Au bout de quelques mois, il fut impossible au jeune ménage de fixer même approximativement le total de la somme amassée. Monsieur exagérait, Madame croyait au minimum.

Elle ne résista pas longtemps à satisfaire sa curiosité. Un matin, après le départ de son mari, elle glissa la clef dans la serrure et ouvrit la tirelire. Le total dépassait ses prévisions. Elle garda le secret. Lui faisait du résultat une question d'amour-propre ; parfois même il trichait. Rose entendait tomber deux pièces dans la cassette quand elle n'avait droit qu'à une. Après deux ans, la tirelire fut pleine. Le mari s'en aperçut à la difficulté qu'il éprouva à y faire entrer un louis. Il prévint Rose. Le lendemain, la tirelire était vide et un coffret en fer prit place sur l'étagère inférieure de l'armoire à glace.

Les recettes diminuèrent. Rose, absorbée par les soins à donner à un enfant, songeait moins aux noces d'argent. Duchemin, de son côté, mettait moins d'amour-propre à emplir la caisse. Il fallut près de trois ans pour y arriver. Duchemin rentrait plus tard, se montrait froid et discret. Un soir, Rose feignit de dormir pour n'avoir aucune question à adresser ni reproche à faire. Elle l'entendit qui marchait timidement dans la chambre. Duchemin ouvrit l'armoire avec des précautions infinies : deux pièces tombèrent dans la tirelire, après quoi il se glissa doucement dans le lit.

En s'éveillant, Rose trouva dans la cassette deux pièces de quarante francs. Elle retira ces pièces et les cacha. Bientôt d'ailleurs, les jours heureux revinrent et les remords de Duchemin se traduisirent par des moyennes avouables.

.˙.

Un soir, Duchemin rentra tout pâle, nerveux, l'air désolé. Un krach l'avait frappé, coup terrible, inattendu. Il lui fallait trouver deux cent mille francs dans les vingt-quatre heures. Comment ? Vendre une maison de campagne, réduire le train de la maison.

Rose lui frappa doucement sur l'épaule :

— Et la tirelire ? lui dit-elle.

— Nous sommes loin de compte, répondit-il.

Rose lui prit les mains et lui dit en souriant :

— Il y a deux cent vingt mille francs dans la tirelire !

— C'est impossible ! tu es folle !

Elle apporta la cassette et le coffret de fer et en répandit le contenu sur la table.

— Compte ! fit-elle.

Il lui vint alors une idée sinistre. Chaque fois qu'il avait trompé sa femme, il avait payé une amende qui grossissait le trésor. Est-ce que, de son côté, elle en aurait fait autant ?

Il compta, éperdu, les billets et les titres.

— Nos deux premières années, lui dit-elle avec douceur, se sont écoulées comme un rêve. La première fois que la tirelire fut pleine, je chargeai le notaire de ma famille de me faire acheter des obligations dont les intérêts s'ajoutaient à nos recettes. J'avais des valeurs à lots et deux fois par an je détachai les petits coupons pour en toucher les intérêts. La deuxième tirelire a été changée en papier comme la première. Un jour, en lisant dans le journal le compte rendu du dernier tirage, je bondis de surprise et de joie. Nous avions gagné un lot de cent mille francs, cent mille francs de baisers ! Alors, tu penses que j'en ai acheté tant et plus de ces petits papiers. Un autre lot, moins important, nous est venu. Le notaire faisait valoir mes fonds ; il vendait, il rachetait. Je n'y ai pas compris grand'chose, sinon que le trésor enflait à vue d'œil. Voici le résultat. Prends ! nous sommes sauvés.

Puis, tout à coup, elle jeta les deux pièces de quarante francs sur la table.

— Reprends cela aussi ! ajouta-t-elle. Je les ai mises à part, ces pièces maudites... et il y a longtemps que j'ai pardonné.

*
* *

Duchemin prit sa femme dans ses bras et la couvrit de baisers sur les cheveux, sur la bouche.

Il liquida la situation, et la lune de miel se reprit à battre son plein, si bien que les noces d'argent purent être célébrées avec éclat.

Moralité. — Même en ménage, ne posez jamais de lapins.

LE BON NUMÉRO

Un excellent chef de bureau au ministère de... émargeait tous les ans un traitement de 6,000 francs ; il avait épousé la fille d'un négociant de la rue Vivienne qui lui avait apporté 40,000 francs de dot.

La jeune femme, jolie et coquette, s'aperçut bientôt de l'ascendant qu'elle exerçait sur son mari, un peu âgé ; elle commença par lui faire prendre un appartement de 2,600 francs ; le mobilier fut renouvelé ; un cordon bleu remplaça la vieille bonne de l'employé, et une petite femme de chambre compléta le personnel.

Madame recevait le jeudi ; dîner de cinq à six couverts où des artistes connus, des boursiers en veine venaient tour à tour prendre place.

Le train de maison paraissait un peu lourd au mari, mais Madame lui fit comprendre qu'on pouvait vivre assez largement à Paris avec de modestes revenus, quand on savait s'y prendre.

Un agent de change, assidu visiteur, connaissait seul les mystères de cette économie domestique.

La petite dame rêvait depuis quelque temps d'une pelisse garnie de fourrures qu'elle avait guignée en passant avenue de l'Opéra ; mais le mari, tout faible qu'il était, avait refusé de façon qu'on ne revînt pas à la charge. La dame confia son chagrin à *l'ami* qui s'empressa de lui offrir le précieux manteau.

Mais comment l'introduire, comment le faire accepter ?

— Rassurez-vous, dit l'agent de change ; dans huit jours, la pelisse sera de la famille.

— Vous êtes charmant ; venez, que je vous embrasse !

Le lendemain, au milieu du déjeuner, la femme de chambre annonça Mme Lévy.

— Connais pas.

Le mari se lève et, dans l'antichambre :

— Qu'est-ce que vous désirez ?

— Ah ! pardon, Monsieur et Madame, dit Mme Lévy en entrant dans la salle à manger, je vois que je me suis trompée d'étage, mais peut-être bien que ça vous portera bonheur... Il n'y a que le hasard, voyez-vous ! Voici un magnifique manteau qui est en loterie à cinq francs le billet...

Madame en prendra bien un ou deux : le tirage aura lieu demain.

— Oh ! je t'en prie, mon ami !... fit la dame avec une petite mine suppliante.

— Voici dix francs, dit le chef de bureau ; donnez-moi deux billets.

Trois jours après, la revendeuse revenait à la même heure, son carton à la main ;

— Madame, s'écria-t-elle d'un ton joyeux, c'est le numéro cent vingt-sept qui est sorti... Vous avez gagné !

Et elle déploya le somptueux vêtement.

— Il n'y a que toi, dit Madame à son mari, pour avoir une pareille chance !

LE BONHEUR DANS LA MORT

— Vous avez lu, me dit le docteur en allumant un cigare, le récit de l'exécution de Dampérier ?

— Sommairement. C'est toujours la même chose. La toilette du condamné, le brouillard, la description de la place de la Roquette, les plaintes des reporters qui n'ont pu approcher ; c'est d'une affligeante monotonie.

— Ce que vous ne savez pas, c'est que le condamné ne s'est pas douté un instant qu'il allait être exécuté ; il a marché à l'échafaud le sourire sur les lèvres et le coup de tranchet a été pour lui le comble du bonheur.

— Et quelle fut la cause de cette illusion ?

Le docteur se mit à ricaner et dit simplement :

— J'ai supprimé la peine de mort par la suggestion. La suggestion, c'est la captation de l'homme par l'homme. Les religions sont le plus bel exemple de l'influence des suggestions socio-morales. Il est curieux de retrouver ici la confirmation de cette féconde loi de la sélection naturelle, si bien formulée par Darwin. C'est celui qui est le mieux doué, celui dont les aptitudes à la combativité sont les plus énergiques, qui se trouve appelé à devenir un de ces maîtres qui suggestionnent et dirigent leurs semblables. Voilà comment se crée, a dit le docteur Luys, en raison des plus grandes richesses d'énergie native, le type de ces manieurs d'hommes qui, de tout temps, ont fait et font encore, sans le savoir, de l'hypnotisme social.

La suggestion peut créer les hallucinations les plus variées. Du côté de la vue, on peut suggérer une appréciation fausse sur la forme, la couleur et la situation d'un objet ; produire une erreur sur l'identité d'une personne qu'on fait prendre pour une autre ; évoquer la présence d'une personne absente. Du côté de l'ouïe, on peut faire entendre un épouvantable vacarme au milieu du silence le plus absolu. Du côté du goût, on fera manger du papier pour une tranche d'ananas, boire de l'eau de mer pour un champagne de haute marque ; ainsi du reste.

Je m'intéressais à Dampérier qui a donné satisfaction, il y a peu de jours, à la justice des hommes. Mes relations m'ont permis de voir dans sa cellule et je ne l'ai quitté que lorsque sa tête a roulé dans le panier, avec un sourire de bonheur.

Selon leur coutume, et conformément aux règlements de police en vigueur, les représentants de la presse n'ont rien vu. Il leur est interdit de pénétrer dans la cellule du condamné avec le directeur de la prison, le juge d'instruction, le secrétaire du parquet, l'aumônier et le bourreau. Suivant leur habitude, ces messieurs ont battu la semelle et fumé des cigares sur la place de la Roquette, jusqu'au moment où la porte de la prison s'est ouverte à deux battants pour laisser passer le sinistre cortège.

De l'exécution ils n'ont rien vu, dans le clair-obscur du petit jour. Un brouillard laiteux pesait sur leurs épaules et tendait sur leurs regards, à fleur de paupière, un trouble rideau. La police, chargée d'assurer à l'épilogue de ce drame judiciaire une absolue publicité, avait pris soin de les reléguer derrière un triple rang de gardiens de la paix qu'ourlait un peloton de gendarmes à cheval, — sabre au clair, ainsi que la loi le veut. Ils ont vu passer les épaules ligottées d'un homme entre les bras d'un prêtre ; ils ont entendu le choc du couperet sur les montants de la machine. Puis, grâce aux racontars sténographiés de quelques agents, qui, le coup fait, se gargarisaient dans une buvette voisine du Père-Lachaise, ils ont rédigé les comptes rendus toujours les mêmes — plutôt toujours le même — qu'il vous a été donné de lire.

Eh bien! Dampérier a échappé au châtiment; il est mort heureux, en bénissant la justice des hommes.

Voici, Monsieur, comment ce phénomène s'est réalisé.

La peine de mort n'est point, vous le savez, purement physique. A ce dernier point de vue, la pitié des savants croit avoir dit son dernier mot, et elle semble l'avoir dit en effet, puisque nos suppliciés se trouvent — seuls parmi les fils des hommes — assurés de n'être points inhumés vivants. La loi leur accorde en outre un consolateur qu'elle a retirée au soldat mourant pour sa patrie. Donc, le moins de souffrance possible. La section de l'épine dorsale et l'évacuation du cerveau par le sang assurent, paraît-il, la cessation immédiate de la sensibilité, soit la mort réelle. Il reste à calculer une souffrance morale difficile à apprécier, en raison du tempérament et du temps écoulé.

L'attente du moment suprême assommera un sanguin, torturera un sensitif, n'atteindra pas une brute. Puis, à partir du quarantième jour, une superstition ramènera le condamné vers l'espérance. C'est donc dans le bref délai des derniers instants que l'esprit du condamné à mort subit le châtiment dans toute sa rigueur. Il a espéré ; il n'espère plus. Il touche du doigt la mort. Aucune évasion possible. Cela dure une demi-heure, mais c'est atroce.

La science vient de transformer l'angoisse de ces trente dernières minutes en une béatitude incomparable.

La veille de l'exécution, l'éminent M. X..., avocat de Dampérier, put m'introduire auprès de lui. Il me fut loisible de l'endormir, et comme je connaissais son histoire tragique par les débats :

« Demain matin, lui dis-je, on viendra vous chercher. Mathilde, que vous croyez avoir tuée dans un moment de jalousie, n'est pas morte et vous allez l'épouser. Vous ne verrez rien de l'attirail du supplice destiné à vous influencer, vous ne songerez qu'au bonheur qui vous attend ! »

Cette expérience a absolument réussi ; et voici, exactement, ce qui s'est passé.

Au moment où le bourreau a été introduit dans la cellule du condamné, Dampérier s'est avancé vers lui, les mains tendues, en s'écriant :

« Enfin ! »

Puis, tandis que l'on s'empressait autour de lui :

« Un beau temps, n'est-ce pas, messieurs, pour une petite sortie matinale ! Comme je le disais tout-à-l'heure à mes gardiens, on ne saurait rêver mieux pour une guillotinade... Mais ne perdons pas de temps en vaines mondanités. A la besogne, M. Deibler... Si, en attendant, ces messieurs désiraient se rafraîchir ? »

Aucun des assistants n'avait été mis au courant de la suggestion. Stupéfait, le directeur de la Roquette fit servir un vin blanc de derrière les fagots. Il voulait même en offrir une seconde tournée quand le condamné s'y opposa.

« Y songez-vous ? dit-il. Et tout ce monde qui nous attend sur la place ?... Soyons exact, M. Beauquesne ; soyons exact. »

On lui passa ses vêtements, qu'il réintégra en poussant un soupir de satisfaction.

« Ah ! c'est bon de rentrer chez soi ! »

A l'aumônier qui voulait l'entretenir de la vie future, il répliqua :

« Inutile, monsieur l'abbé, j'aime Mathilde, contentez-vous de bénir notre union, je la rendrai heureuse ! »

Vêtu, il alla ouvrir la porte de sa cellule et s'effaça sur le seuil pour livrer passage à ces hôtes de la dernière heure qu'il semblait accueillir comme autant d'invités.

« Messieurs, » fit-il poliment avec un geste qui prenait congé.

On le suivit au greffe pour la toilette.

En y pénétrant, il sauta à califourchon sur

l'escabeau et dit à l'aide, armé de ses ciseaux :

« Les cheveux très courts par derrière... C'est une vieille habitude... »

Quand le juge d'instruction lui demanda s'il n'aurait point, par aventure, quelque révélation à faire :

« A quoi bon ? répondit-il avec un sourire. J'en aurais gros à dire sur le docteur Cornélius Herz, mais le pauvre diable est si embêté, que ce n'est vraiment pas le moment de compliquer sa situation. »

Enfin, la toilette achevée, on se mit en route pour la machine. Dampérier ne se sentait pas de joie.

« Ce sera le plus doux moment de ma vie », murmurait-il à l'aumônier.

En apercevant le couteau il se précipita en avant.

« Hé ! là-bas ! » fit Deibler.

« C'est vrai, avoua le condamné ; ne manquons pas de tenue... J'aurais l'air d'un parvenu. »

Les adieux furent brefs, tant Dampérier avait hâte d'arriver. On le coucha sur la bascule fatale.

« L'autel est orné de fleurs, murmura-t-il, les cierges ont l'air d'autant de petites étoiles au-dessus du front divin de ma fiancée... »

Et, au moment où sa tête tombait, Dampérier murmura : « Oh ! le premier baiser !... »

11*

Pourquoi ne persuaderait-on pas aux condamnés à mort que le dernier supplice contient la suprême félicité ? On l'a déjà, en Angleterre, persuadé aux pendus.

— Est-il vrai, demandait quelqu'un au célèbre opérateur Campbell, que la pendaison soit une jouissance ?

— Dame ! répondit le savant, tous les pendus l'affirment !

UN CAS DE NÉVROSE

Pas plus que la toilette, pas plus que la forme des chapeaux et des bottines, la médecine n'échappe à la mode. En cela la médecine ne fait que suivre la maladie qui, à un moment donné, s'impose à une société tout entière, comme la valse, la polka et enfin le cotillon.

Qu'on les traite d'une façon ou d'une autre, les malades ne s'en portent ni mieux ni plus mal ; la moyenne des décès reste la même ; mais comme l'a dit un de mes prédécesseurs en philosophie : « C'est une grande consolation d'être tué selon les règles, parce que vos héritiers n'ont rien à vous reprocher. » Un homme doit être à la mode, qu'il soit malade ou docteur. Un docteur qui voudrait aller à l'encontre de la mode compromettrait inévitablement son salut dans l'autre monde et ses honoraires dans celui-ci.

Il n'y a pas encore bien longtemps que cette foule de maux anonymes qui assiègent les hauts rangs de la société, et principalement les femmes, étaient compris sous la dénomination générale d'affections nerveuses.

Les modes ne cessent pas entièrement ; il arrive souvent qu'elles ne font que changer de couleur ou légèrement altérer leur forme. C'est ainsi que le mot si dur de *dyspepsie* a été substitué à celui de *vapeurs*. Les digestions laborieuses, les symptômes dyspeptiques devinrent la phraséologie à la mode.

Les affections du foie eurent la vogue à leur tour. On n'entendit plus parler que d'obstructions et de maladies bilieuses. Ce fut à qui tirerait la langue devant son miroir.

Le foie fut admis comme une excuse valable pour la mauvaise humeur ; à l'ombre de leur foie, les hommes moroses et les femmes querelleuses, qui maltraitaient leurs enfants et leurs domestiques, réussirent à se faire excuser et même à se faire plaindre.

La bile se présenta dans un moment favorable. C'était une substance visible, tandis que l'existence des nerfs avait toujours eu quelque chose d'obscur et d'équivoque ; même au temps de leur plus grande vogue, des esprits hardis avaient mis en doute la réalité de leurs effets. Mais l'existence du foie ne pouvait être contestée. Tous les médecins envoyèrent alors leurs malades passer aux eaux deux ou trois saisons.

Les envies de femmes grosses ont perdu beaucoup de terrain. L'invention était cependant des plus ingénieuses ; mais tout passe. On ne s'en sert guère plus que pour les vols dans les magasins de nouveautés.

Un moyen infaillible pour un médecin de se mettre à la mode, c'est de découvrir une nouvelle maladie. Celui qui l'a découverte peut seul la guérir, et personne ne la lui conteste, au moins pendant quelque temps. C'est le docteur qui fait la réputation de la maladie, et c'est la maladie qui fait la fortune du docteur.

Il est vrai qu'une maladie nouvelle ne se trouve pas sous les pas d'un cheval. Aussi suffit-il de changer le nom d'une des sept cent maladies connues.

On est assez disposé à éternuer dans les temps chauds. Donnez un nom à cette incommodité, appelez-la par exemple, *fièvre de fenaison*, et elle aura une vogue prodigieuse. « L'habile homme ! dira-t-on de l'inventeur ; il est le seul qui entende la fièvre de fenaison ! »

Mais la mode ne s'est jamais mieux affirmée que par l'extrême division qu'elle a introduite dans les travaux de la médecine. Jadis, le barbier maniait à la fois le rasoir et la lancette. Il coupait les cheveux, rasait le menton, remettait les bras et les jambes, et appliquait les ventouses. Les chirurgiens survinrent et s'emparèrent de la meilleure partie de ces attributions. Ceux-ci ne tardèrent pas à être dépouillés à leur tour.

Nous avons maintenant des oculistes, des dentistes, des auristes, des pédicures, des manicures, des orthopédistes et des masseurs. Chaque jour voit éclore une nouvelle spécialité.

Il y a quelque temps, *Ignotus* constatait, dans un article intitulé : la *Grande Névrose*, un état d'esprit particulier à notre époque.

« Voici le printemps, disait-il. La sève s'agite dans la plante humaine. C'est l'époque où la névrose, qui est le mal contemporain, apporte ses principaux troubles à nos sens.

» Un grand établissement scolaire de jeunes filles a été visité dernièrement par un de nos plus célèbres médecins, appelé par la directrice. Cet établissement était mal surveillé. Il était comme ouvert à tous les bruits du dehors, à toutes les *odeurs de la rue,* comme disait Louis Veuillot. Peu à peu, les élèves semblèrent s'alanguir et s'étioler — comme s'il y avait eu une épidémie mystérieuse. « Épidémie de chlorose, » disait le médecin de l'établissement. « Epidémie de névrose, » déclara le grand médecin consultant. Il faudra peut-être faire évacuer l'établissement, —

— et les jeunes filles iront porter la contagion dans leurs familles.

» Quelle était la cause de cette épidémie de névrose ? Etait-ce la grande démoralisation précoce des élèves ? Non !

» Ces jeunes filles avaient appris — je veux bien le croire — la science de la vie avant d'avoir assez d'énergie vitale. C'est la vision brutale des nudités morales qui causait cette névrose. Le duvet de ces jeunes filles était tombé trop tôt.

» Elles étaient comme les petites artistes qui s'étiolent parce que leur cerveau est ébranlé par des vibrations prématurées. »

J'ai pu, dans ces derniers temps, constater moi-même un des phénomènes produits par un tel état d'esprit.

Après dix ans de mariage, M. et Mme de Beryls s'aimaient comme au premier jour.

Les ménages d'amoureux sont bien rares ; j'en connais cependant deux ou trois à Paris. M. de Beryls avait trente-cinq ans, sa femme vingt-six. Peut-être avaient-ils continué de s'aimer parce qu'ils n'avaient pas cessé d'être beaux ; peut-être aussi était-ce à un bonheur constant qu'était dû le rayonnement de leurs fronts, que n'avait jamais frôlés une pensée mauvaise.

Comme si chacun d'eux s'était affirmé dans

cette union complète, ils avaient deux enfants : une fille de neuf ans et un garçon venu au monde onze mois après sa sœur.

Fils de parents jeunes, tous deux étaient sains et d'une intelligence peu commune.

Aussi le docteur T..., appelé tout à coup par les parents affligés, fut-il surpris de trouver le petit Georges pâle et maigre, les yeux bordés d'un cercle bleuâtre.

Envoyé pour huit jours à la campagne, à l'occasion du mariage d'une cousine, Georges était revenu dans un état maladif qui n'avait fait qu'empirer depuis cette époque.

Le docteur ordonna du fer, des viandes saignantes, et, prenant à part Mme de Beryls, il lui conseilla de surveiller du matin au soir le petit Georges, sans qu'il s'en aperçût.

La mère vigilante se mit à espionner son fils, tantôt par une porte entr'ouverte, tantôt par le trou de la serrure. Elle eut parfois recours à des ruses de sauvage pour ne pas perdre de vue l'enfant un seul instant.

Elle vit d'abord Georges se diriger vers la chambre de sa sœur. Il ouvrit une armoire taillée dans le mur, et dans laquelle on renfermait les jouets de Jeanne et les siens.

Là se trouvaient un peu pêle-mêle cinq ou six poupées de différentes dimensions, un grand polichinelle, un officier de zouaves, un gymnaste à casquette blanche sur un vélocipède, qu'on montait avec une clef, puis, entassés dans un coin les écloppés de la première enfance ; il y avait un pantin guillotiné, un soldat manchot, un tambour crevé, des bras cassés, des jambes de bois encore recouvertes de lambeaux rouges ou bleus, bordés d'une frange d'or ; un lapin à deux pattes, un petit cheval à bascule auquel il manquait le train de derrière ; la tête et le col s'appuyaient fièrement sur la poitrine, brusquement coupée par un trou béant avec une bordure de carton effiloché.

Georges s'agenouilla. Il prit par le bras une poupée que sa sœur appelait *Dudu* et qui, objet de soins particuliers, reposait sur un tabouret.

Georges posa Dudu dans un fauteuil et s'agenouilla devant elle.

Cette Dudu était vraiment une merveilleuse création. Sa chevelure blonde avait les reflets du cocon de Chine. Deux yeux d'un bleu foncé avec de longs cils noirs ; une petite bouche avec des lèvres groseille, indice d'un tempérament vigoureux ; des bras finement modelés, des épaules adorables, un je ne sais quoi de parisien dans toute sa personne : telle se présentait la troublante Dudu.

Georges lui prit la main et la couvrit de baisers : puis, après avoir contemplé son idole pendant quelques instants, il s'enhardit, et appuyant ses lèvres sur les lèvres de Dudu, il resta comme en syncope.

M.º de Beryls, songeant alors au séjour que le petit Georges avait fait à la campagne, se mit à reconstituer naturellement les scènes d'amour qui avaient dû précéder le mariage de sa cousine. On ne se gêne pas devant un enfant — et Georges avait tout vu.

Le lendemain, on éloigna les domestiques ; la petite Jeanne fut envoyée aux Champs-Elysées avec sa bonne ; M. de Beryls prit son chapeau et déclara qu'il sortait pour affaires.

Mme de Beryls, à son tour, dit au petit Georges :

— Mon ami, je suis obligée de te laisser seul à la maison. J'ai une visite à faire, je compte être de retour dans une demi-heure. Sois bien sage.

— Oui, maman.

Mme de Beryls se mit aussitôt en observation.

Georges alla chercher Dudu, la porta dans sa chambre et, après l'avoir déshabillée, il la coucha dans son lit et prit bientôt place à côté d'elle. Il regardait avec ravissement la jolie tête de la délicieuse petite personne et, la prenant dans ses bras, il lui disait : — Dudu, je t'aime, je t'adore !

Le docteur était tenu au courant de tout ce qui se passait.

— Il faut frapper un grand coup, dit-il aux parents anxieux.

Il ouvrit l'armoire aux jouets et coucha l'officier de zouaves côte à côte avec Dudu sur le tabouret, dans un costume qui ne devait laisser aucun doute à l'observateur.

... Le lendemain matin, on entendit un grand cri dans la chambre de Jeanne ; Le petit Georges avait saisi un sabre qui se trouvait dans l'armoire avec une petite giberne, et il avait troué la poitrine du malheureux officier. Le son avait avait jailli de sa blessure.

Quant à la coupable Dudu, sa physionomie était restée calme et sereine. Ainsi sont les femmes.

Georges eut le délire toute la nuit. Une fièvre ardente le consumait.

Il gardait le lit depuis trois jours, quand Mme de Beryls eut une idée.

Elle habilla la poupée en religieuse et, s'approchant du lit du petit Georges, elle lui dit : « Dudu, à peine devenue veuve, a pris une grande résolution. Elle avait commis une faute et elle veut l'expier. »

— Ah ? soupira interrogativement Georges.

— Elle entre au couvent, continua Mme de Beryls et vient te faire ses adieux. La voici !

Georges se mit sur son séant.

Oui... c'était bien Dudu... la perfide Dudu, encore jolie sous cette coiffe aux grandes ailes blanches. Elle était vêtue d'une robe de bure et un chapelet à grains de bois enroulait sa taille.

— Embrasse-la pour la dernière fois, dit Mme de Beryls.

Deux grosses larmes s'échappèrent des yeux de Georges, et ce fut avec un douloureux respect qu'il mit un baiser sur chaque joue de celle qu'il avait tant aimée.

Quelques instants après, le bruit d'une voiture apprenait à l'enfant malade que Dudu renonçait au monde pour toujours.

Georges ferma les yeux et s'endormit presque consolé, en pensant que si Dudu était perdue pour lui, elle n'appartiendrait désormais qu'à Dieu.

RÊVE D'AUTOMNE

Paris est la ville où le cœur reste le plus longtemps jeune. Sans la calvitie, sans l'embonpoint qui le prend à trente-cinq ans et ajoute chaque année à l'importance de sa personne, enfin sans le terrible miroir, un homme bien portant ne s'apercevrait pas qu'il vieillit.

C'est que Paris est un spectacle continuel, incessant. L'ennemi le plus terrible de l'humanité, l'ennui, n'y a pas prise sur l'observateur. C'est une dégustation journalière. Tableaux, statues, musique, toilettes, jolies femmes, scènes bizarres de la rue, rencontres fortuites, kaléidoscope perpétuel, on se couche sans se rendre compte que l'on pèse une journée de plus.

Et puis, il faut le proclamer, Paris est une merveille au point de vue de l'art. Tout y fait tableau, perspective. Quoi de plus beau que la place de la Concorde ? Cherchez, allez à Londres, à Rome, où vous voudrez, la place de la Concorde n'a d'égale nulle part. L'avenue de l'Opéra, tableau ; la place du Théâtre-Français, tableau ; le quai du Louvre. le Carroussel, la place Notre-Dame, la Seine prise du Pont des Arts ou du pont Royal, autant de tableaux. Le bois de Boulogne, le parc Monceau, le jardin du Luxembourg, le Palais-Royal, autant de merveilles sous le ciel le plus mobile ; il y a comme un prisme sur les monuments, sur les statues ; les aspects sont incessamment renouvelés. On va, on admire, on aime, on se laisse vivre ; puis un jour vient où l'on s'aperçoit que rien n'est changé que soi-même.

J'étais allé hier rendre visite au peintre Silvany, dans son charmant hôtel du quartier Monceau. L'atelier est vaste, garni de tapisseries anciennes d'un goût exquis. De quelque côté qu'on se tourne, l'œil est arrêté par un marbre, un bronze, une arme ancienne d'un travail merveilleux. Une serre continue l'atelier sans autre séparation que deux colonnes recouvertes d'étoffes turques, brodées d'or et d'argent. Toutes les plantes exotiques les plus riches et les plus variées y étalent leur feuillage, ici large et nerveux, là frêle et lancéolé.

Les fleurs épanouies donnent tous les tons du vermillon, de l'ocre et du bleu. On sait qu'il y a trente bleus clairs et autant de bleus foncés ; le rouge n'a pas moins de nuances. La serre de Silvany offre toutes les gammes des couleurs à l'œil du visiteur charmé.

Devant un tableau presque terminé, représentant une écuyère en maillot, un pied sur la selle de son cheval, l'autre en l'air, le buste penché en avant et les bras gracieusement allongés pour faire balancier, l'artiste songeait...

— Que signifie cette rêverie? demandai-je.

Silvany eut un sourire mélancolique.

Il jeta un regard sur le piano ouvert, puis se levant, il alla promener vaguement ses doigts sur les touches.

— Connaissez-vous cet air-là ? me dit-il.

— Attendez-donc... oui... c'est ce qu'on jouait au Cirque, l'hiver dernier.

— Lorsque Kate Simpson faisait son grand travail à cheval.

— C'est cela.

— Eh bien, mon cher ami, j'ai aimé cette fille. Son maillot, plus beau que le nu, avait allumé en moi un désir qui se changea bientôt en une sorte de passion curieuse. Kate est une fille singulière, pleine d'imprévu. Elle est venue ici souvent... ce portrait est fait d'après nature. Elle déjeunait là, dans le coin de la serre, avec moi. Je me grisais de son rire, de sa jeunesse. Un jour de grande chaleur, elle s'est endormie à midi sur ce divan et ne s'est réveillée qu'à trois heures, sans se douter que, penché sur elle, je respirais son haleine et ses cheveux, ses cheveux d'enfant qui sentent la plume.

— Et vous n'avez fait aucune tentative?

— Aucune. Je ne sais pas saisir une femme par les bras, la serrer du genou et la prendre malgré sa défense. Il me faut la sympathie, l'abandon volontaire, la chute voulue. J'attends la femme. Si elle ne vient pas, je me résigne, le cœur plus ou moins serré ; mais le rôle de maraudeur ne me convient pas ; je ne prends que ce qu'on me donne.

— Et Kate n'a pas répondu à vos espérances?

— Après trois mois d'une cour assidue, de prévenances de tous les jours, de tous les instants, d'une vie presque commune, elle a pris pour amant le clown Ainsworth qu'elle a arraché à une rivale, Maritima Clentz, cette belle Allemande *qui fait le fil de fer*. Ainsworth s'est fait désirer ; il n'a pas cédé de prime abord. Kate a pleuré. Enfin, il s'est rendu, et on dit qu'elle est enceinte. Je ne l'ai plus revue !

Silvany est riche ; sa réputation est faite dès longtemps ; il a obtenu de grands succès à Paris et à Londres. A-t-il cinquante ans? Peut-être bien que non, mais à coup sûr il n'en est pas loin. Il ne paraît pas son âge, mais qu'importe de ne pas paraître cinquante ans si l'on en paraît quarante-cinq ? Ce n'est point un homme usé. Ses cheveux sont abondants, mais grisonnants; sa forte moustache brune est aussi coupée de fils d'argent. Il ferait encore des passions dans le monde des veuves et des vieilles Anglaises qui ont pourchassé Lizt et qui filent Gounod. Mais chez lui, comme chez beaucoup de Parisiens, surtout chez les artistes, le cœur a toujours vingt ans.

Il est vraiment fâcheux que le cœur ne se porte pas à l'extérieur et bien en évidence, comme le nez ; les petites demoiselles y trouveraient peut-être à réfléchir. Mais la nature en a décidé autrement. Elle étale le double menton ; elle esquisse sous chaque œil comme un petit sac de nuit ; elle épaissit la taille, elle ajoute à la sphéricité de l'abdomen. Il y a un volcan au milieu de tout cela, mais le cratère a des rides.

Alors, on voit passer les gamines d'hier, femmes de demain, avec leurs mines à la fois audacieuses et effarouchées. On les voit rire de leurs trente-deux dents, herse d'une rose épanouie ; et tout ce qu'on aime, tout ce qu'on admire chez ces êtres charmants et fugaces, passe en zigzagant devant les aînés pour aller s'appareiller plus loin.

L'abbé Delille aurait dit : Tel le papillon fuit la ronce et vole à la fleur..

— Je suis loin d'être assouvi, reprit Silvany. J'ai besoin d'aimer et d'être aimé...

— Vous ne pouvez aimer qu'une femme jeune et jolie !

— Sans doute.

— Cela va de soi ; mais il faudrait qu'elle vous aimât aussi !

— Il y a des moyens d'obtenir ce que je cherche...

— C'est le dalhia bleu !

— Qui sait ? Je vais faire insérer un avis dans les journaux de Londres et de Dublin.

« Un vieillard sans famille demande une jeune miss, bonne musicienne, pour jouer du piano, chez lui, deux heures tous les soirs. Bons appointements. Envoyer photographie.»

Quand j'aurai les photographies, je choisirai celle dont la physionomie me conviendra le mieux. J'enverrai la somme nécessaire et la demoiselle arrivera. Mon domestique et ma femme de chambre iront au-devant d'elle.

— Monsieur est souffrant, lui dira-t-on, et vous prie de l'excuser.

Elle trouve un petit appartement coquet, élégant même, une chambre tendue d'étoffe de couleur claire, des jardinières, un piano, une petite bibliothèque.

On lui sert un dîner sans apparat, mais en rapport avec les goûts d'une jeune fille.

Puis, elle descend à l'atelier. Elle regarde les tableaux, les objets d'art, se grise de luxe. La serre est éclairée ; la verdure a des tons clairs, les fleurs saluent l'apparition de la petite déesse...

Le premier moment passé, la femme de chambre revient.

— Monsieur, lui dit-elle, vous prie de faire un peu de musique. Il ne peut descendre, mais les portes sont ouvertes et il entendra comme s'il était dans l'atelier.

Elle joue sans contrainte, sans s'inquiéter de savoir si elle plaît au maître.

Le lendemain on la promène en voiture, au Bois, sur les boulevards.

Le soir, même répétition.

Ce n'est qu'au bout de quelques jours, quand elle s'est habituée à cette vie molle, nonchalante, quand le désir lui est venu de connaitre celui qui lui avait réservé cet accueil, que je me révèle tout à coup. Au lieu du vieillard annoncé, elle voit arriver un homme qui, sans être de première jeunesse, ferait encore un beau colonel de théâtre. Galant, empressé, mais presque timide, il s'approche d'elle...

— Mais, mon ami, dis-je à Silvany, ce n'est pas neuf, ce que vous avez trouvé.

— Comment cela ?

— C'est *la Belle et la Bête*.

LE DERNIER MIRACLE

L'abbé Miryex, curé de S..., est venu au monde trois cents ans trop tard. Au moyen âge, il eût été l'un des tourmenteurs qui se sont fait un nom dans l'art d'accommoder les juifs. « On devient cuisinier, on naît rôtisseur, » a dit Brillat-Savarin. L'abbé Miryex était né rôtisseur.

Maigre, le front bombé, une braise sous chaque paupière, il était visible qu'il lui fallait un effort continuel pour modérer le son de sa voix et discipliner ses gestes. Il eût été mieux placé dans un couvent de dominicains que dans une cure de province, mais le hasard plutôt que sa volonté l'avait conduit à S... Il y passait avec raison pour un homme de mœurs très pures, mais d'une intolérance qui avait éloigné de son église certains esprits moyens et modérés qui, tout en reconnaissant la nécessité d'une religion, trouvent inutile de s'en imposer les pratiques tyranniques.

Du haut de sa chaire, l'abbé Miryex tonnait contre l'impiété de ses contemporains : il menaçait les hésitants de toutes les foudres célestes ; il se plaisait à accumuler les tableaux sinistres, ne parlait que de l'enfer et des vers du tombeau. Les dévotes en avaient des sueurs froides.

L'abbé Miryex était entré dans les ordres poussé par une irrésistible vocation. Il avait eu une enfance farouche ; à l'école, il se tenait à l'écart et ne partageait jamais les jeux de ses camarades. Il passait ses récréations dans la chapelle, à genoux ou prosterné, les lèvres collées sur une médaille ou sur un reliquaire.

Un neveu de l'abbé Miryex, M. Charles Brénier, était entré à l'Ecole normale, dont il devint l'un des lauréats les plus distingués. A trente-six ans, il était professeur de philosophie dans l'un des lycées de Paris. Charles Brénier a publié des travaux remarqués dans la *Revue des Deux-Mondes* et dans plusieurs journaux scientifiques. Son ouvrage sur la *Nature de l'âme*, et ses études sur la doctrine de l'émanation et de l'absorption sont trop connus pour que j'aie besoin de les rappeler.

Il y a quatre ou cinq ans, M. Brénier, épuisé

par un travail incessant, fut obligé de garder le lit. Il fallut quelques semaines pour assurer sa guérison.

Mais les médecins pensèrent que sa convalescence pouvait être longue et lui donnèrent le conseil d'aller passer un ou deux mois dans les Pyrénées.

Pour se rendre à Pau, où il comptait séjourner quelque temps, Brénier passait par la ville où son oncle était curé. Il lui écrivit une lettre des plus affectueuses, pour lui annoncer sa visite.

L'abbé Miryex avait gardé de sa sœur un tendre souvenir. Moins âgé qu'elle de plusieurs années, il se rappelait les soins et les caresses de la « petite mère ». Puis, elle était pieuse ; après une vie exemplaire, elle avait fait *une bonne mort*. Son fils faisait tache dans la famille, il est vrai. Il s'était laissé entraîner par le courant moderne ; il était devenu le propagateur des idées subversives et malsaines. Mais, après tout, il n'était pas le premier venu, il s'était fait un nom.

M. Miryex répondit à son neveu qu'il le verrait avec plaisir et le recevrait en bon parent. Le prêtre fanatique n'était pas fâché, au fond, de tenir de près un ennemi de ses doctrines. Il se promit de l'interroger, de l'ausculter et, comme on dit familièrement, de voir ce que ces gens-là ont dans le ventre.

M. Brénier descendit à l'hôtel et alla seulement faire une visite à son oncle. Celui-ci, après avoir évoqué les premiers souvenirs de son enfance et versé quelques larmes sur cette sœur chérie que Dieu avait rappelée à lui, insista pour que son neveu acceptât à dîner.

— J'ai invité pour ce soir, dit-il, deux ecclésiastiques de mes amis, et je veux leur montrer un libre penseur. Vous dînerez avec mon vicaire, M. Anselme, et le curé de Saint-Claude, M. Parentès.

Le professeur de philosophie accepta sans plus de façons l'invitation de son oncle.

Dîner bourgeois, modeste, mais suffisant. Petit vin du pays. Fruits du jardin de M. le curé, qui vanta surtout l'eau de sa fontaine, une source d'une incomparable limpidité.

Jusqu'au dessert, la conversation était restée sur le ton de la plus complète banalité.

Tout à coup, l'abbé Miryex se leva et, ouvrant la fenêtre :

— Regarde le ciel, s'écria-t-il. Contemple ces milliers d'étoiles qui s'allument pour la gloire de Dieu ! La main du créateur est partout, dans ces arbres où frissonne le vent, dans ces parfums qui se dégagent des lilas et viennent jusqu'à nous ! Elle est dans le ver qui troue la terre sous le gazon qui est à nos pieds, dans ce papillon qui vient tourner autour de la lampe, dans la source dont le murmure arrive à notre oreille, dans tout ce qui est grand et dans tout ce qui est petit !

Le vicaire Anselme et le curé Parentès firent tous deux le signe de la croix.

— Mon oncle, dit Brénier d'un ton grave, je respecte votre foi et ne suis point venu ici pour entrer en controverse avec vous.

— Je serais curieux, au contraire, d'entendre une fois un philosophe, un libre penseur, que je regarderais bien en face. Ces messieurs ont besoin, comme moi, de connaître les armes qu'on emploie contre la religion...

— La science, interrompit Brénier, poursuit son but, qui est la recherche de la vérité, et n'a de parti pris sur aucun des sujets qu'elle touche.

— Eh bien ! parle, nous t'écoutons.

— Alors, fit Brénier en souriant, c'est un cours de philosophie que vous me demandez.

— Une conférence sur le gouvernement de l'univers.

— Les idées que je vais exposer, dit Brénier, ne sont même pas de moi. Elles résument les différents ouvrages des philosophes contemporains...

— Nous t'écoutons.

— Est-il vrai, reprit Brénier, qu'il y ait des hommes, qui, sans avoir commis eux-mêmes aucune faute, soient prédestinés à une éternité de tortures et de misères ? Cicéron, cité par Lac-

13*

tance, a dit : « Une loi éternelle et immuable embrasse les choses et les temps ! »

Il y a deux interprétations possibles du mode de gouvernement de ce monde : l'intervention continuelle de Dieu ; l'action invariable de la loi.

Les prêtres inclineront toujours vers la première, puisque leur fonction est de s'interposer entre l'homme qui prie et la providence qui agit. Leur importance s'accroît en raison du pouvoir qu'on leur suppose d'influencer la divinité.

Dans la Rome païenne, leur office était de prédire l'avenir par les oracles, l'inspection des entrailles des victimes, et d'offrir les sacrifices pour rendre, d'une manière générale, les dieux propices aux hommes.

Dans la Rome nouvelle, ils élèvent leurs prétentions plus haut et prétendent régler le cours des affaires humaines, écarter les dangers qui nous menacent, opérer des miracles et même changer l'ordre de la nature.

Ce n'est donc pas sans raison que les prêtres sont les ennemis de la doctrine qui enseigne la souveraineté de la loi dans le gouvernement du monde. Cette doctrine semble abaisser leur dignité, amoindrir leur importance. Ils refusent d'admettre l'idée d'un Dieu qui ne peut être influencé.

Cependant, le mouvement régulier des astres

n'a pu manquer de faire une impression profonde sur l'observateur ; le lever et le coucher du soleil, les phases de la lune, le retour des saisons, la marche des planètes nous prouvent qu'il y a un ordre et un enchaînement. Il n'y a jamais eu et il n'y aura jamais d'intervention arbitraire dans les lois naturelles. Les faits sont la conséquence des faits antérieurs et la cause directe des faits subséquents.

D'après le principe que tous les corps s'attirent les uns les autres par une force qui est en raison directe de leur masse et en raison inverse du carré des distances, Newton fit voir qu'on pouvait rendre compte de tous les mouvements des corps célestes.

Le jeu du système solaire est réglé par une loi invariable, qui n'est elle-même qu'une nécessité mathématique. D'Alembert a pu dire dans son *Introduction* à l'Encyclopédie : « L'univers n'est qu'un fait unique, une seule et même grande vérité. »

D'une masse chaotique un système organisé a dû sortir par l'action des lois naturelles. Le refroidissement de la matière a fait naître des mondes.

Vous demandez si on n'exclut pas le Tout-Puissant du monde qu'il a fait ?

Mais il n'y a pas de création. Un nuage se forme sur un ciel serein ; la vapeur augmente de volume et finit par obscurcir une partie des cieux. Elle prend des formes fantastiques, emprunte la lumière du soleil, puis disparaît, dissipée par le vent. Nous savons ce qu'est la condensation de la vapeur d'eau et n'avons point l'idée de faire intervenir un Dieu dans cette opération de la nature. Or, l'univers n'est pas autre chose qu'un nuage, un nuage de soleils et de mondes, un brouillard flottant.

Comme le nuage succède au nuage, le système stellaire (ce que nous appelons l'univers) succède à un nombre infini d'autres systèmes qui l'ont précédé et sera suivi d'une autre succession de systèmes également infinie. Les métamorphoses de la matière, l'enchaînement des effets et des causes n'ont ni commencement ni fin.

Le vicaire Anselme et le curé Parentès se regardaient d'un air effaré. L'abbé Miryex levait de temps en temps les yeux au plafond et pétrissait de sa main nerveuse un morceau de pain resté sur la table.

— Le mot de création, continua le professeur de philosophie, implique l'idée d'une apparition soudaine ; le mot de *transformation*, celle d'une apparition graduelle. C'est ainsi que se présente à notre esprit la grande idée d'évolution. Progression, développement, ordre irrésistible. Rien n'est subit, rien n'est heurté.

Les animaux à sang chaud ne pouvaient exister dans une atmosphère aussi chargée d'acide carbonique que l'était celle des premiers temps. L'absorption de cette subsistance par le feuillage sous l'action du soleil, l'enfouissement du carbone dans la terre, le dégagement de l'oxygène leur rendit l'existence possible.

Si l'un de vous est tenté de sourire de la doctrine du développement successif des formes animales, chaîne organique interrompue depuis l'apparition de la vie sur la terre, qu'il réfléchisse que lui-même a passé par des modifications qui sont la répétition de celles qu'il refuse d'admettre. Pendant les neuf mois de la gestation, son type de vie a été le type aquatique. Au moment de sa naissance, son type est devenu aérien. Il a respiré, il a absorbé de nouveaux aliments. Avec le temps, des organes adaptés à ce changement de nourriture, les dents, ont paru. Puis, une fois atteint le point culminant de la vie, le déclin commence.

Y a-t-il donc, pour chacun de nous, intervention de la providence à chaque passage d'un état à un autre? Ou bien tous les êtres humains qui ont couvert la terre se sont-ils trouvés sous l'empire d'une loi immuable?

Les nations naissent et meurent comme les individus ; les mondes naissent et meurent comme les nations.

Les os, les cheveux, les reliques de toute sorte n'y pourront jamais rien. Nul n'a été le sujet ni l'objet d'aucun miracle...

L'abbé Miryex n'y pouvait plus tenir. Ses yeux lançaient des éclairs.

— Misérable blasphémateur ! s'écria-t-il, ne crains-tu pas que Dieu te pulvérise ?

— Non, répondit tranquillement Brénier.

— Tu nies qu'il ait le pouvoir de te tuer ?

— Je le nie absolument. Tenez, mon oncle, je relève de maladie ; je puis mourir subitement d'une maladie, d'une apoplexie, de la rupture d'un anévrisme, de quelque autre maladie foudroyante ; eh bien ! j'en cours le risque. Je défie Dieu de me tuer d'ici à dix minutes.

Le vicaire et le curé se signèrent de nouveau ; l'abbé Miryex regarda la pendule, Brénier restait calme et souriant.

L'abbé Miryex fixait sur lui des yeux ardents, comme eût pu le faire un magnétiseur. Sûrement, il évoquait Dieu tout bas, le suppliant de punir l'impie.

Et Brénier souriait toujours.

Ce qui augmentait l'exaspération de Miryex, c'est qu'il lisait très-bien sur le visage de son vicaire qu'il ne croyait pas plus que Brénier à une intervention miraculeuse.

Cependant, les minutes s'écoulaient.

Le pendule fit entendre le petit *tac* qui précède la sonnerie. La dixième minute allait finir.

Subitement, le fanatique saisit un couteau de table et, le plongeant deux fois dans la poitrine de son neveu :

— Le voilà, le miracle ! s'écria-t-il. Ce n'est point moi qui veux tuer le fils de ma sœur, c'est Dieu qui arme mon bras !

Brénier tomba baigné dans son sang et rendit le dernier soupir dans les bras du vicaire Anselme.

— Triste époque, s'écria celui-ci, que celle où il faut faire les miracles soi-même !

On était alors sous le gouvernement du 16 mai. La presse était bâillonnée, et de puissantes influences étouffèrent cette affaire. On fit passer l'abbé Miryex pour fou. Il fut enfermé cinq ou six mois dans une maison de santé, puis on le fit passer en Belgique. Il vit là-bas, sous un nom supposé, dans une des communautés religieuses qui infestent ce pays.

Les contumaces, de tout ordre, caissiers ou ecclésiastiques, ont là un refuge tout trouvé. On m'a du reste affirmé que le supérieur a prié l'abbé Miryex de s'abstenir de faire aucun miracle sur le territoire belge.

L'EMPREINTE

Quand une femelle a été couverte pour la première fois par un mâle de race bâtarde, c'est vainement qu'on l'accouple ensuite avec un mâle de race pure ; les petits sont dégénérés non seulement pour la première portée, mais encore pour les portées suivantes.

La nature a de ces mystères.

Une petite chienne anglaise que le hasard de la rue aura livrée au caniche du coin produira d'affreux roquets, au poil à moitié frisé, avec la queue en trompette, même si — après le premier malheur — on lui donne un époux de sa race. Le moule est forcé, l'empreinte est prise. Même observation pour les juments. Vainement une poulinière arabe, qui aura subi un étalon grossier de la race de Saintonge, sera rappelée à sa dignité par un coursier de l'émir ; elle donnera le jour à un cheval de charrue et non à un cheval de course.

La nature impitoyable a flétri la mésalliance d'un sceau indélébile.

Ce qui est vrai pour les animaux est, paraît-il, tout aussi vrai pour l'espèce humaine.

Que l'époux, plus blanc que la neige, de la petite-fille d'une mulâtresse aussi blanche que lui, se trouve un beau matin l'heureux père d'un petit négrillon, cela n'a rien de surprenant. Le germe est dans le sang. La sage-femme lui remet un morceau de charbon chaudement emmaillotté en lui adressant tous ses compliments.

Il faudrait être fabricant de cirage pour accepter d'un front serein une pareille aventure : encore n'y a-t-il pas à s'en étonner. C'est dans la logique des choses.

M. de Quatrefages s'est montré trop absolu quand il a affirmé que les races se formaient sous l'empire *du milieu.*

S'il suffit d'une unique atteinte d'un individu marron pour perpétuiter la bâtardise dans une descendance, la matrice n'est qu'un moule. Tout ce qu'on coulera dans ce moule conservera la forme de l'empreinte gravée en creux.

Que devient alors ce qu'on appelle *l'air de famille ?*

Une jeune fille épouse un homme qui a le nez aquilin. Après le délai convenu, elle accouche d'un enfant qui a le nez aquilin.

Puis elle prend pour amant un homme qui a le nez camus. L'enfant du camard a le nez aquilin, et l'on dit au mari trompé : « Ah ! vous ne pouvez pas le nier, celui-là, c'est votre portrait tout craché ! »

L'empreinte a été prise, c'est fini.

Un des médecins les plus occupés de Paris a raconté dernièrement, dans l'intimité, une histoire dont la moralité est on ne peut plus immorale.

Telle qu'elle est, je la raconte à mon tour, pour l'édification de mes contemporains.

Un jour, une jeune femme du meilleur monde, la baronne X... arriva tout effarée chez le docteur. Elle se laissa tomber plutôt qu'elle ne s'assit dans un fauteuil.

— Docteur, lui dit-elle, vous êtes un vieil ami de ma famille. Je viens chercher ici un confesseur autant qu'un médecin. Ma situation, vous la connaissez. Mariée depuis six ans, il y a deux ans que tous rapports ont cessé entre mon mari et moi. On dirait qu'il n'avait cherché dans le mariage qu'un héritier de son nom, car ses torts datent du jour où il est devenu père d'un enfant bien constitué et d'une solidité à toute épreuve.

Ses torts sont de ceux qu'une femme de cœur ne pardonne jamais. Vous savez ce que je veux dire.

J'ai surpris un jour, à la campagne, le baron avec ma femme de chambre. J'ai chassé la fille et signifié à mon mari que désormais tout lien était rompu entre nous. Il fit d'abord semblant de se résigner, puis il tenta un rapprochement que je déclarai impossible. Nous évitâmes le scandale d'une séparation ; notre situation amiable fut réglée par un conseil de famille. Le baron occupe une partie de l'hôtel, moi l'autre. C'est à peine si nous nous rencontrons deux ou trois fois par an. Il y a, à Paris, des gens qui demeurent dans la même maison et qui ne se sont jamais vus.

Eh bien ! docteur, j'avais trop présumé de moi-même. J'ai un amant. Cela vous étonne, mais c'est comme cela. J'ai un amant et je suis enceinte. Comprenez-vous ? enceinte !

La jeune femme était dans un tel état de surexcitation que le docteur eut soin de ne laisser échapper aucune marque d'étonnement.

— Eh bien ! il ne faut pas que cet enfant arrive à terme. Il ne doit pas, il ne peut pas vivre. Je sais tout ce que vous allez me dire. Ce que je vous demande est un crime... Vos devoirs professionnels s'opposent à ce que vous sauviez l'épouse coupable aux yeux du monde... C'est convenu. En attendant, si vous ne me donnez pas votre parole de me sauver, et ceci à l'instant même, je vais en sortant de chez vous me jeter dans la Seine. J'ai choisi l'endroit, un endroit où il n'y a pas de bateau et où l'on ne me sauvera pas. Vous m'entendez !

— Bien, répondit froidement le docteur. Ce que je ne ferais pour personne, je le ferai pour vous.

— Ah !

— L'estime que j'ai pour votre famille si digne de respect, la vieille amitié qui m'unit à votre père seront mon excuse à mes propres yeux.

— Et vous êtes sûr d'obtenir le résultat qui seul peut sauver mon honneur ?

— Absolument sûr ; mais, pour ne pas mettre vos jours en péril, ce qui rendrait mon sacrifice inutile, il faut du temps.

— Du temps ?

— Sans doute. Que vous importe, pourvu que vous soyez assurée du salut ?

— Soit.

— Revenez demain... Je vous donnerai une potion que je veux faire moi-même, car il est inutile de mettre un tiers dans la confidence.

— C'est juste.

— Une cuillerée matin et soir pendant un mois et nous verrons !

— A demain, docteur, et merci, merci mille fois !

— A demain.

Le docteur écrivit un mot au baron, qui se rendit à son cabinet.

— Il y a longtemps, lui dit-il, que l'accord devrait être fait entre la baronne et vous.

— Je l'ai toujours trouvée intraitable, répondit le mari. Il m'a fallu du temps pour prendre mon parti de cette situation, mais toutes mes tentatives ont été inutiles et je paye cher une erreur d'un instant.

— Vous aimiez votre femme, n'est-ce pas ?

— Je l'aime encore.

— Eh bien ! essayez de la ramener...

— Je ne demande pas mieux.

— Je la crois un peu apaisée... Priez une amie de vous faire dîner ensemble chez elle d'abord. Quand la baronne se sera trouvée à la même table que vous, elle reprendra peut-être une sorte de vie commune sous son propre toit.

— Elle est si dure, si hautaine !

— Essayez !

Quand la baronne revint, le docteur lui dit : — Voici la potion !

La jeune femme saisit d'une main fiévreuse le flacon qui lui était offert.

— Maintenant, reprit le docteur, j'ai une nouvelle inquiétante à vous donner.

— Inquiétante ?

Le docteur lui dit à demi-voix :

— Votre mari a des soupçons.

La jeune femme pâlit horriblement.

— Mais comment ?...

— Je n'en sais rien. Il m'attendait hier à la sortie de ma consultation. Il m'a abordé d'un air assez étrange, me demandant si je pensais qu'une femme jeune, d'une santé robuste, était suffisamment sauvegardée par la vertu et la religion pour se résigner à une solitude constante.

— Ah ! mon Dieu ! que faire ? Autant mourir tout de suite que de mourir de honte ?

La baronne cacha sa tête dans ses mains.

— Avec du calme, du sang-froid, nous nous en tirerons, continua le médecin.

— Que me conseillez-vous ?

— Avant tout, n'ayez pas l'air d'éviter votre mari... Mme de L... doit vous inviter à dîner ; il y sera... acceptez.

— Que me demandez-vous là ?

— Si vous avez l'air de le fuir, vous êtes perdue.

— Bien, j'accepterai.

— Et surtout une cuillerée de la potion matin et soir !

Quinze jours après, le baron arrivait rayonnant chez le vieil ami de sa famille. Il lui sauta au cou et l'embrassa avec effusion.

— Vous m'avez rendu ma femme, merci !

— Cela est venu tout naturellement ?

— Oui... grâce à une potion qui semblait avoir sur elle une influence surprenante. Dès qu'elle en avait pris une cuillerée, elle me regardait d'un air adouci, presque tendre... Enfin, elle s'est laissé aller... et le pardon est scellé !

... Les mois s'écoulèrent, et la baronne mit au monde un petit baron qui fut reçu avec joie par les ascendants des deux branches.

Il y eut un grand dîner de relevailles et une fête pour le baptême.

Ce qu'il y a de particulier, c'est que le baron s'est pris d'une préférence marquée pour le dernier né. Le premier enfant, celui qui est bien de lui, est presque relégué. C'est le dernier, le fruit de la réconciliation, qui est devenu le Benjamin.

On dit même que le baron s'occupe de dénaturer sa fortune, afin de lui laisser la plus grosse part au détriment de son frère.

Il est vrai que le cadet est le portrait frappant du baron...

L'empreinte !

FORTUNE MANQUÉE

Ah! villes de l'enfer, folles dans leurs désirs :
Là, chaque heure inventait de monstrueux plaisirs,
Chaque toit recélait quelque mystère immonde,
Et, comme un double ulcère, elles souillaient le monde.
C'est alors que passa le nuage noirci
Et qu'une voix du ciel lui cria : c'est ici !

Les observateurs qui connaissent les bouges de Paris et qui sont au courant des secrets qu'ignore même la police seraient en droit de s'étonner de l'indifférence que garde aujourd'hui le feu du ciel.

Quand tout dort cependant, au front de nos cités
On voit glisser encore quelques pâles clartés,
Lampes de la débauche, en naissant disparues,
Derniers feux des festins oubliés dans les rues...

Je raconterai peut-être un de ces jours les mystères de la rue Rochechouart, les saturnales de la table d'hôte de la comtesse de X..., une comtesse des Batignolles, qui réunit de singuliers échantillons des deux sexes. Ce qu'on voit dans une goutte d'eau n'est rien à côté de ce qu'on voit dans son alcôve. Les gens bénévoles qui s'étonnent à la lecture de *Nana* et de *Pot-Bouille* ne se doutent pas que ces études consciencieuses ne sont que du Bernardin de Saint-Pierre à côté de la réalité.

Quant au feu du ciel, il n'en reste plus ; Flammarion a tout pris.

On remarquait depuis trois ou quatre ans, sur la terrasse de Versailles, une jeune fille d'une beauté exceptionnelle se promenant avec sa mère, veuve d'un capitaine tué à Sedan. Toutes deux vivaient d'une petite rente absolument insuffisante, cinq ou six cents francs, auxquels s'ajoutait le produit de leur travail.

Quand Jeanne passait dans la rue, il y avait comme un silence d'admiration stupéfaite.

— Qu'elle est jolie ! disaient les dames.

— La ravissante fille ! disaient les hommes.

— Nom de Dieu ! disaient les gens du peuple.

Cependant, Jeanne allait avoir vingt ans, et personne ne se présentait pour demander sa main. Il n'y a plus que les ouvriers qui aient le courage d'épouser des filles sans le sou ; les jeunes gens sans patrimoine, reçus pharmaciens, avocats, médecins, vétérinaires ; les contrôleurs de l'enregistrement, employés des postes et télégraphes, inspecteurs des halles et marchés ou autres fonctionnaires publics ne convolent guère, à moins de trouver une dot de cent mille francs. Aux officiers, l'Etat même impose le célibat, s'ils ne peuvent justifier de la dot réglementaire. Et les filles restent filles, sèchent sur pied, n'ayant même plus la ressource du *divin époux*, depuis qu'on ferme les couvents. Dieu étant démodé, il ne leur reste que Vénus, laquelle ne peut même plus caser tout son personnel.

Un vieux gentilhomme, le marquis de la Marmite, s'était assis plusieurs fois à côté de Mme Gontier, la mère de Jeanne. Il avait entamé la conversation sur la pluie et le beau temps, puis il en était venu aux confidences. D'une grande fortune dissipée, il lui restait encore une situation enviable pour beaucoup ; mais, revenu des choses de ce monde, il s'était retiré à Versailles pour y finir paisiblement ses jours, désormais comptés.

Mme Gontier s'était ouverte à cet ami de hasard. Un gentilhomme, un marquis l'aiderait peut-être à caser sa fille. En tout cas, ses conseils pouvaient être utiles.

La brave dame sollicitait depuis six ans un débit de tabac auquel elle avait droit. Son mari était chevalier de la Légion d'honneur, il était tombé sur le champ de bataille. Mais on donnait les débits de tabac à des maîtresses de gens en place, à d'anciennes danseuses.

Madame de M..., veuve d'un général, il est vrai, mais jouissant d'une fortune relativement considérable, avait trois débits à elle seule !

Le marquis s'indignait et promettait de mettre en jeu certaines influences dont il disposait encore.

Là-dessus, on faisait deux ou trois tours de terrasse. Le marquis reconduisait Mme Gontier et sa fille jusqu'à leur porte, s'inclinait respectueusement et regagnait son domicile.

Le temps se passait ainsi. Les années tombaient une à une dans le sablier, et Jeanne restait sans mari.

Un jour — elle avait alors vingt-trois ans, — le marquis de la Marmite lui dit : — Jeanne, ma chère Jeanne, vous resterez demoiselle !...

Et la jeune fille, se regardant le soir dans la glace de la grande chambre qu'elle occupait avec sa mère, se mit à penser que les hommes sont une race vraiment ignoble, puisqu'ils dédaignent ce que Dieu a fait beau pour courir après ce que la corruption a fait riche !

Le lendemain, le marquis prit à part Mme Gontier.

— Il m'est venu une idée, lui dit-il. Je n'ai pas de famille, tout au plus des parents éloignés, que je ne connais même pas de vue. Me voici vieux, soixante-deux ans bientôt. Je veux laisser à votre fille, à notre adorable Jeanne, le peu qui me reste, c'est-à-dire pas grand'chose, et mon titre, qui, malgré le bouleversement social, n'a pas perdu toute valeur.

— Mais comment cela ? demanda Mme Gontier.

— Il n'y a pas deux moyens. Nous avons vainement cherché un mari pour Jeanne. Son admirable beauté a été impuissante. Marquise, avec quelques rentes, elle pourra aller dans un certain monde... et, comme j'ai peu de temps à vivre, je ne doute pas qu'après moi elle ne trouve à se marier convenablement. Réfléchissez à ma proposition.

Mme Gontier était tout effarée. Jeanne pleura huit jours, puis les bans furent publiés et Mlle Gontier devint la marquise de la Marmite de Vieux-Préau.

La première nuit de noces ne fut marquée par aucun incident sérieux. Quelqu'un qui eût été placé dans une pièce voisine n'aurait entendu que ces mots : — Ah ! charmante !... charmante !...

— Mais, Monsieur...

— Charmante !

— Vous allez me faire enrhumer...
— Charmante, charmante !

Le lendemain, même histoire.

A onze heures et demie, le marquis accompagna sa jeune épouse dans l'unique chambre de son appartement. Il l'aida à quitter sa toilette de ville, la fit asseoir sur son genou et s'écria comme la veille : charmante !

Ils se mirent au lit, et là encore, le marquis reprenait son refrain : charmante ! charmante !

Après huit jours d'admiration continuelle, le vieux gentilhomme prit un air solennel.

— Marquise, dit-il à sa femme, je connais le monde, je connais la vie, je connais les femmes. Il faut bien nous avouer que je ne serai jamais un mari pour vous... tout au plus un ami. Si soignée qu'ait été votre éducation, si excellents que soient les principes que vous a inculqués votre respectable mère, il est certain pour moi que tôt ou tard vous prendrez un amant.

— Oh ! Monsieur !

Le marquis eut un sourire à la fois bienveillant et mélancolique.

— C'est la nature qui le veut, continua-t-il avec douceur. Ecoutons sa voix. Il serait désolant que tant de trésors restassent cachés, tant de beautés inexplorées. Je n'ai pas entendu faire de vous une victime. Donc, je vous pardonne d'avance.

— Mais, monsieur le marquis...

— Mon aïeule, Yvonne-Jehanne de la Marmite, duchesse de la Crémaillère, a eu pour amants Richelieu, Fouquet, Colbert et Dufrény. Ma grand'tante Annette-Thérèse-Coryzandre de la Marmite, entichée de philosophie, a dérogé avec Diderot d'abord, avec ses paysans ensuite... Ces débordements appartiennent à l'histoire, et je n'entends pas que mon épouse manque aux traditions de notre famille. Seulement, nous vivons à une époque de matérialisme. Il faut aller à l'utile. Une fantaisie peut coûter cher. J'entends donc, ma chère et adorable Jeanne, être votre conseiller dans cette affaire ; je veux adoucir votre chute en la préparant et asseoir une gloire certaine sur une faute inévitable... Je vous présenterai deux ou trois de mes amis : le baron de Marlou-le-Roi... cent mille francs de rente... M. de la Bécardière, propriétaire du château des Cantharides... grande fortune aussi... et enfin, ce qui vaudrait mieux pour vous et pour moi, un banquier russe, M. Porkenkoff, qui a amassé une fortune immense par un sage accaparement des blés et des huiles... Je ne vous impose personne.. Je ne demande qu'à guider votre choix...

— Vous êtes un infâme ! s'écria Jeanne épouvantée.

Le marquis se leva brusquement.

— Pas de vilains mots, dit-il ; la vérité est

que, quand je vous ai épousée, il me restait six cents francs, produit de la vente de mon dernier bijou de famille... J'ai attendu, pour vous parler comme je viens de le faire, d'être arrivé à mes derniers sous... En supposant que j'aie de quoi vivre, le jour viendrait fatalement où, après une lutte plus ou moins longue, vous céderiez à un homme... et ce serait ne pas avoir de chance que d'être tombé sur une exception. Or, puisque je ne puis empêcher ce qui doit être, autant que ce soit tout de suite que plus tard...

Jeanne jeta un manteau sur ses épaules, saisit son chapeau et courut chez sa mère. Elle se jeta dans ses bras en sanglotant.

— Il veut me vendre ! dit-elle.

Mᵐᵉ Gontier écouta le récit que lui fit sa fille, puis, étendant la main, elle prit un papier sur la cheminée.

— Nous sommes sauvées, lui dit-elle.

— Comment cela ?

— M. Doris, le député, a enfin obtenu ce que je demandais depuis si longtemps... j'ai un débit de tabac... douze à quinze cents francs par an.

— Avec toi, c'est la richesse, dit Jeanne.

Quelques mois plus tard, Jeanne sortait en tremblant d'une maison située à l'extrémité de la ville. Là demeurait Gontran de Fort-Lapin, sous-lieutenant de chasseurs. Il avait longtemps fait la cour à la jeune femme. Elle avait lutté, puis s'était lassée. Gontran l'aimait, elle aimait Gontran. Un jour, elle était entrée chez lui — et les volets s'étaient fermés...

En sortant du rendez-vous, Jeanne se hâtait, un voile épais jeté sur sa figure ; mais un vieillard à l'aspect misérable, qui la guettait dans la rue, lui appuya deux doigts sur le bras et lui dit en ricanant :

— Voilà donc la vertu !... Ah ! marquise, si vous m'aviez écouté, vous ne seriez pas plus coupable... et nous tiendrions notre rang dans le monde !...

L'INFANTICIDE

IMPRESSIONS DU PETIT

I

J'ai chaud. Toutefois cette chaleur, à laquelle je suis habitué, qui est ma seule sensation, qui constitue mon essence même, cette chaleur ne me suffit plus. Replié sur moi-même depuis un temps que je ne puis fixer, j'éprouve le besoin de me détendre. Mes membres inférieurs s'agitent ; il me semble qu'un état nouveau est proche — et qu'il va se passer quelque chose...

J'entends des cris étouffés au-dessus de moi. Il y a je ne sais quoi qui se brise ; les liens qui me retenaient sont rompus, il faut que je sorte de cette impasse. De l'air ! de l'air ! deux mains me saisissent et me tirent à elles. Je suis au monde.

Une voix dit : C'est un garçon. Qu'est-ce que cela peut-être qu'un garçon ? Je me le demande.

Je viens d'éprouver subitement une sensation de fraîcheur ; c'est mon âme qui a envahi mon corps. Elle attendait sur la fenêtre le moment de faire son entrée ; elle est absolument froide. Elle s'installe, elle prend possession de mon corps, et, sans le faire exprès, elle m'enrhume.

II

Je me trouve dans un état bizarre. Mes organes ne peuvent encore me servir. Le présent m'échappe et il ne me reste aucun souvenir du passé. Il y a en moi comme un désir ardent de connaître. La curiosité domine tout autre sentiment. Je fais aller mes petites jambes, je remue mes petits doigts. Une femme — celle qui m'a tiré par la tête — me plonge dans l'eau tiède ; elle me lave. Le fait est que j'avais besoin de ce bout de toilette ; je ne sais où j'ai marché, mais j'avais tout les membres recouverts d'une matière qui reste au fond de la cuvette.

J'ai ouvert les yeux ; j'entends des sons. Pourrai-je les imiter ? Ma foi ! tant pis, je crie...

Cela n'a pas réussi ; la femme me secoue. Je crie de plus belle. On approche de mes lèvres une tasse remplie d'eau sucrée. Ce n'est pas mauvais du tout. Quand j'en voudrai, je crierai encore.

Elle me couche à côté d'une autre femme étendue sur un lit. On n'y est pas mal. Quelle peut être cette femme? Elle est malade, elle a la fièvre. Cela doit être ma mère. Je la regarderai demain ; mes yeux sont encore trop faibles pour que je puisse me rendre compte de son physique. Je l'ai trouvée fort bien à l'intérieur ; je puis même dire qu'elle est confortable ; reste à savoir si l'extérieur répond à ce que je connais d'elle.

III

C'est donc cela la vie ! Pourquoi, comment ai-je été tiré du néant ?

Tout ce que je vois se grave dans mon cerveau. Que d'explications j'aurai à demander plus tard ! Les idées m'arrivent en foule, mais, trahi par mes organes, il m'est impossible de les exprimer. Je comprends tout et je ne puis rien dire. Il me faudra un lent développement, un stage de plusieurs mois avant de pouvoir seulement dire maman.

Mais, j'y pense, où est donc papa ? Il n'y a pas d'homme ici. Ma naissance cacherait-elle un mystère ? Suis-je riche ? suis-je titré ? ou bien, enfant du hasard, me faudra-t-il lutter en même temps contre le préjugé et contre les besoins matériels de la vie?

Écoutons sans en avoir l'air.

IV

Ma Mère. — Vous lui avez bien porté les lettres ?

La Sage-Femme. — Je lui ai remis la dernière à lui-même.

Ma Mère, *avec un profond soupir*. — Et qu'a-t-il répondu ?

La Sage-Femme. — Il a levé les épaules et il m'a dit : Cela ne me regarde pas. Tant pis pour elle !

Ma Mère. — Il n'a pas même voulu voir son enfant?

La Sage-Femme. — Je l'ai prié, supplié, rien n'y a fait. Il m'a repoussée en disant qu'un petit employé à douze cents francs était plus pauvre qu'une femme de chambre... Que vous n'aviez qu'à mettre votre enfant en nourrice et à tâcher de vous replacer. Vous n'avez rien à espérer de cet homme-là.

Ma Mère. — Il me disait qu'il m'aimait... Il m'avait promis de m'épouser !

La Sage-Femme. — C'est toujours la même histoire, ma pauvre fille,

Ma Mère. — Que vais-je devenir ?

La Sage-Femme. — Ne vous faites pas de chagrin en ce moment, cela ne vous vaudrait rien. Je suis payée pour huit jours ; ainsi vous avez encore cinq jours de bons. On vous trouvera une place et, avec de l'économie, vous élèverez le petit.

Ma mère ne répond pas. Des larmes sortent de ses yeux. Je fais un mouvement pour me rapprocher d'elle, mais elle me repousse. Que ne puis-je la consoler, la serrer dans mes bras ?

Elle ne m'a pas embrassé... pas la moindre caresse. Elle souffre doublement, au physique et au moral. Mais je n'y suis pour rien. Lui ai-je demandé de me mettre au jour ? Est-ce ma faute si elle s'en est laissé conter par un employé de magasin ? Si elle avait été plus habile, elle m'aurait donné pour père un homme riche et généreux...

Elle m'a jeté un regard de haine. Dissimulons, car je crois que je file un mauvais coton.

V

La nuit a été assez bonne. La sage-femme vient d'entrer.

— Il faut donner le sein au petit, dit-elle.

Qu'est-ce que c'est que cela ? Elle me place la

bouche sur une boule. Je crève de faim... Ma foi
tant pis, je me risque...

Tiens ! mais c'est très bon. Allons-y gaiement.

La sage-femme me retire et me couche. Un
peu plus j'allais me griser. Je sais où c'est maintenant, j'y reviendrai.

Ma faim est passée, dormons.

VI

Le huitième jour est arrivé. Il faut partir. On
m'a enveloppé dans une vieille chemise recouverte d'un morceau de tapis. Ma mère me porte
sur ses bras, nous voici dans la rue.

Dieu ! que c'est curieux ! tous ces gens qui
vont et viennent, ces grandes caisses qui roulent,
traînées par des animaux vigoureux qui s'appuient sur leurs bras, tandis que leurs jambes
s'agitent pour les pousser. Quel bruit, quel mouvement !

Passe une longue boîte noire sur une espèce de
voiture. Tout le monde ôte son chapeau. J'entends dire : « C'est un mort ! » Un mort ! c'est
un ancien enfant qui s'en retourne d'où il est
venu. Ma mère marche, marche toujours. Nous
arrivons devant une sorte de boutique : Bureau
de placement. — Je ne sais pas lire, mais je
devine. C'est mon âme qui a la connaissance des

choses. Il va falloir apprendre péniblement tout ce que je savais avant de venir au monde.

Ma mère cause avec un homme qui a des cheveux gris et des morceaux de verre sur les yeux.

— Débarrassez-vous d'abord du petit, dit-il.

— Où y a-t-il un bureau de nourrices? demande ma mère.

— Dans la rue à côté au numéro 7.

La vue des nourrices me réjouit. Tous ces restaurants ont vraiment bon air. Deux ou trois ont déjà mis le couvert, des enfants tètent avec ardeur. Aucun d'eux ne m'invite à déjeuner. Vil égoïsme !

VII

On discute les prix. Pas moins de vingt francs par mois; on parle de trousseau. Ma mère dit qu'elle ne peut pas et me voilà de nouveau dans la rue.

J'ai faim, je crie. Ma mère s'assied sur un banc et me donne le sein.

Elle a l'air farouche ; elle murmure des paroles incohérentes.

Je sens que je suis de trop; mais qu'y faire ?

Elle se lève et continue sa route ; je m'endors...

VIII

Quand je rouvre les yeux, il fait sombre. Nous sommes au bord d'un canal. Deux ou trois fois, je sens que ma mère fait un mouvement pour m'y jeter. Heureusement, un passant succède à un autre. On la verrait... je suis sauvé !

Elle semble prendre une résolution : elle marche d'un pas décidé.

Hôtel garni. — On loge à la nuit.

Elle entre. On lui donne une lumière, nous montons, nous montons toujours.

Une petite chambre ; une couchette et deux chaises.

Ma mère me dépose sur le matelas qui me semble dur. Que va-t-il m'arriver ?

Les heures se suivent.

Tout à coup, ma mère me saisit ; elle me met une main sur la bouche et me frappe la tête sur le carreau. Ses yeux expriment la terreur, elle regarde du côté de la porte et me serre le cou pour que cela finisse plus vite.

J'ai horriblement souffert, puis la séparation de l'âme et du corps s'est faite. Je suis mort. Mon âme me regarde et ne m'abandonne point...

C'est elle qui termine ce mémoire.

Ma mère m'enveloppe dans un châle ; elle va

au bout du corridor et me jette dans une sorte de cuvette qui est l'orifice d'un long tuyau. Je descends, je descends... Quel horrible séjour ! Ayant perdu l'odorat, je souffre cependant moins que je ne l'ai craint un instant.

Mais je m'ennuie horriblement ; il y a bien à droite et à gauche quelques pages déchirées des romans à la mode, mais je suis trop triste pour m'adonner à la lecture.

IX

Le temps s'écoule. Mon âme devait demeurer attachée, pour une durée de soixante-cinq ans, au corps qu'avait fourni ma mère. Malgré la violente séparation qui a eu lieu, la loi reste la même ; l'âme aura soixante-cinq années à rester à côté de mon cadavre d'abord, de mon squelette ensuite.

Des coups de pioche. L'air et la lumière pénètrent jusqu'à mes restes mortels. On les étale au grand jour.

Ma mère est en prison ; elle doit répondre du crime qu'elle a commis en me privant de l'existence.

Nous voici en cour d'assises. Ma mère est entre deux gendarmes. Quant à moi je suis divisé. Mon corps est dans un bocal et mon âme sur le couvercle.

On interroge ma mère. Elle avoue tout.

Un homme se lève et demande contre elle une punition exemplaire.

Puis son avocat prend la parole.

Dieu ! que cet individu parle mal ! Ah ! si je pouvais prendre la parole pour la défendre !... Pauvre femme !

Elle est condamnée à cinq ans de réclusion.

Quant à mon père, il n'est pas venu à l'audience. Au moment même où on entraînait maman dans la prison, il prenait un verre de bière sur le boulevard Ornano.

X

... Je vois maintenant ce qui serait arrivé si j'avais vécu. Après avoir traîné une existence misérable jusqu'à l'âge de vingt-huit ans, j'aurais tué ma mère d'un coup de couteau pour lui prendre quatre-vingts francs dans son armoire. On m'eût coupé la tête quelque temps après. J'aime autant avoir été arrêté au seuil de la vie.

Mon corps renaîtra sans cesse, la première fois sous la forme de chicorée, puis sous celle de chou de Bruxelles. Il sera tour à tour fruit et légume jusqu'à l'extinction des siècles. Quant à mon âme, comme il lui est dû une compensation, dans quelques années elle animera le corps d'un nouveau directeur de l'Opéra.

LE CADAVRE ET LES FLEURS

Puvis de Chavannes, le Maître impeccable, le Dante de la peinture, prépare dans un nuage son grand tableau du Salon prochain : Une jeune femme pâle qui cueille des fleurs dans une prairie, tandis que deux hommes, à figures d'argousins, l'observent à distance.

C'est tout un drame que ce tableau et voici comment Puvis le raconte :

La scène se passe en Autriche et le point de départ est à peu près le même que celui du crime du Pecq.

Blanche Berstein, mariée à un homme ombrageux et jaloux, à eu pour amant un officier de la garde, un de ces jeunes élégants, cavaliers audacieux, danseurs indispensables, qui sont de toutes les fêtes et dont les hommages flattent toujours une femme.

— Elle s'est donnée à lui ; elle l'aime éperdument.

Le mari a tout appris. Il se rend chez le frère de sa femme, lui met sous les yeux les preuves de son déshonneur. Le frère est atterré. Il occupe un rang important dans la société viennoise, il est allié à une grande famille, il a des enfants. Un scandale va s'abattre sur ces innocents ; la faute de sa sœur rendue publique, tout s'écroule autour de lui.

Que faire ? Il n'y a pas à hésiter, il faut que l'amant disparaisse.

Le frère et le mari entrent soudainement dans la chambre de la jeune femme. Elle est seule, elle lit.

En voyant ces deux hommes dont les regards luisent, dont les traits sont contractés, elle se lève, frémissante.

— Qu'y a-t-il ? demande-t-elle. Que voulez-vous ?

— Madame, dit le mari, vous avez un amant... Frédéric de Werghem...

Blanche retombe accablée sur son fauteuil.

— Voici vos lettres, voici les siennes... Inutile de nier.

— Tu as déshonoré notre nom ! s'écrie le frère.

— Et pour qui ? reprend M. Berstein avec un

rire terrible. Pour un homme qui se joue de vous, qui vous trompe.

— Frédéric ! rugit la jeune femme, c'est impossible ! Vous mentez ! Tuez-moi si vous voulez, mais ne me dites pas qu'il me trompe !

M. Berstein eut un geste de triomphe.

— Tu l'aimes donc bien ?

Elle, droite et fière :

— Oui, je l'aime.

Eh bien ! sachez donc qu'il est l'amant de Georgina Bessmayer, la petite chanteuse du Karl-Théâtre... celle qui fait tordre la salle avec la chanson du colonel... la soupeuse habituelle de ces messieurs de l'Adels-Casino... la lorette de Maximilianstrass... Voilà la rivale qu'il vous donnait, Madame.

— Ce n'est pas vrai... vous mentez !

— Oh ! j'ai apporté une correspondance qui ne peut vous laisser aucun doute. Tenez... vous pouvez voir... Il y a même des photographies !

La jeune femme saisit fébrilement les papiers qu'on lui tendait. Elle put s'assurer que cet homme, à qui elle avait tout sacrifié, qu'elle aimait d'un amour absolu, sans limites, cet homme la traitait comme une fille de hasard. Elle n'était pour lui qu'une *bonne fortune* comme les autres.

Ce fut un râle qui sortit de sa gorge.

— Oh ! le misérable ! murmura-t-elle.

Et de ses yeux jaillissait un brasier qui desséchait ses larmes, car elle ne pouvait même pas pleurer ; elle haletait, le sang aux tempes, un fer rouge au cœur.

Il y eut un moment de silence solennel.

— Madame, reprit M. Berstein, vous allez lui écrire... Vous lui demanderez rendez-vous pour demain soir à votre villa de Berchtold... onze heures... Nous serons là.

Le lendemain Frédéric était assassiné. Blanche tenait la lumière, pendant que son frère et son mari criblaient de coups d'épée le jeune officier surpris et sans défense.

Il tomba, et avant de fermer les yeux pour la dernière fois, il se tourna vers sa maîtresse et murmura :

— Je te pardonne.

On fit disparaître le cadavre.

Mais un passant avait vu de la lumière dans la villa. Deux voisins affirmaient avoir entendu des cris. On raconta qu'un jeune homme se rendait quelquefois, la nuit, dans la villa.

La disparition d'un des plus brillants officiers de la cour, coïncidant avec le mouvement qu'on avait remarqué chez Mme Berstein, éveilla des soupçons.

Toute la police fut mise sur pied. On ne trouva rien. Cependant M. et Mme Berstein furent arrêtés. On avait des commencements de preuves, mais il fallait retrouver le cadavre.

On fouilla vainement les caves, le jardin.

Et les accusés se renfermèrent dans un mutisme absolu.

Le chef de la police, après avoir consulté un médecin, voulut tenter une expérience.

La jeune femme fut mise à un régime atroce. On la purgeait tous les matins. On lui donnait à manger juste ce qu'il fallait pour qu'elle ne mourût pas.

Au bout de quelques jours, elle était d'une faiblesse telle qu'elle pouvait à peine se lever. La nuit, elle avait le délire, elle prononçait des mots entrecoupés, mais elle gardait son secret.

Alors, un matin, le chef de la police entra dans sa prison.

— Vous êtes si faible, lui dit-il, que le médecin a ordonné de vous faire prendre l'air. Voulez-vous sortir un peu ?

— Oh ! oui, murmura Blanche.

Nous allons vous conduire à la campagne.., nous vous suivrons de loin pour ne pas éveiller l'attention...

Vous serez comme libre pendant une heure...

On la fit monter en voiture et on la conduisit aux environs de la villa Berchtold.

C'était à la fin du mois de mai. Les arbres étaient en fleurs ; de tous côtés les marguerites, les coquelicots et les boutons d'or jaillissaient de l'herbe vivace.

Blanche respira avec délices, et doucement, sans avoir conscience de sa situation, elle se mit à marcher...

Puis, elle se baissa et cueillit une fleur, une autre fleur un peu plus loin.

Elle allait, muette, absorbée, contemplative. Au bout d'une demi-heure, elle avait à la main un gros bouquet de fleurs des champs.

Les agents étaient loin, cachés derrière un arbre.

Blanche continuait machinalement sa marche ; puis, arrivée à un certain endroit, elle jeta son bouquet — et fondit en larmes.

Les agents accoururent avec des pioches. Ils creusèrent le sol et mirent au jour le cadavre de l'officier, qui apparut horrible, décomposé, avec des trous noirs dans la figure et dans la poitrine.

C'était bien là !

LA DOUAIRIÈRE

Le château de Coëtlebec fut adjugé, à la barre du tribunal de Quimper, pour la somme de six cent dix-sept mille deux cent cinquante francs, à Mme de Saint-Elphège.

Les Coëtlebec se trouvaient dispersés pour jamais. L'un des héritiers était substitut à Cayenne; l'autre, lieutenant de vaisseau, faisait la croisière du Japon. Mlle Yvonne de Coëtlebec avait épousé un Brésilien nommé Diego, et la cadette, qui avait mal tourné, chantait l'opérette à Bucharest.

C'en était fini de cette vieille famille. La Bretagne n'avait qu'à en faire son deuil.

Mais qui pouvait être cette Mme de Saint-Elphège ?

C'est ce que se demandaient M. le curé de Ker guelen, le médecin Rastacouet et un grand nombre d'autres Kergariou.

Mme de Saint-Elphège était riche et habitait Paris. C'est tout ce qu'on savait d'elle.

Pourquoi venait-elle s'établir dans un pays qui lui était inconnu, où rien ne l'appelait ? Elle n'avait donc ni berceau ni famille en province. Quel exemple allait-elle donner dans le pays ? Quels usages y apporterait-elle ? Le nom de Saint-Elphège rassurait quelque peu le curé. Evidemment, la nouvelle dame du château n'était ni amalécite ni protestante. Le docteur hochait la tête, affirmant que les Parisiennes, jeunes ou vieilles, ne valent pas le diable.

On vit arriver un architecte accompagné de plusieurs ouvriers. Le château fut restauré. La tour, qui tombait en ruine, reprit un abdomen de pierres et de moellons ; les ardoises effritées furent remplacées. Puis les tapissiers se mirent à l'œuvre. On vit déballer des armoires à glace, des divans, des fauteuils. Le déballage seul était un spectacle et donnait une haute idée de la fortune de Mme de Saint-Elphège.

Des rideaux rouges aux fenêtres du rez-de-de chaussée, bleus aux fenêtres du premier étage, jaunes au deuxième et brochés au troisième. Du coutil pour la salle de billard, des perses et des indiennes pour les petits appartements.

Quand tout fut en état, les jardiniers transformèrent le jardin en une sorte de paradis où des plantes inconnues jusque-là dans le pays formèrent des massifs et des corbeilles habilement nuancés.

Enfin, les remises et les écuries se peuplèrent. Un coupé, un char-à-bancs, un phaéton, un landau, un petit omnibus et six chevaux arrivèrent de la gare, et furent installés au château.

Ce fut un grand jour que celui où le landau ramena de la station Mme de Saint-Elphège, accompagnée d'une dame de compagnie et d'une femme de chambre.

La cuisinière était arrivée la veille, avec deux filles de cuisine. Les fourneaux furent allumés ; le château avait repris une animation dès longtemps oubliée.

Le lendemain était un dimanche.

Le curé vit avec satisfaction le coupé se diriger vers la petite église de Coëtlebec. Mme de Saint-Elphège et la dame de compagnie prirent deux chaises, ouvrirent de riches paroissiens et suivirent l'office dans une attitude des plus édifiantes.

Après la messe, Mme de Saint-Elphège se présenta au presbytère. Elle acheta le droit de faire placer au premier rang deux prie-Dieu de velours et prit un abonnement pour les chaises de ses domestiques.

Elle s'enquit de la situation morale des habitants de Coëtlebec. Le curé fit leur éloge avec quelques restrictions. Puis il parla de son église, qui était en bien mauvais état. Les corbeaux avaient dégradé le capuchon du clocher. Le vitrail du maître-autel laissait passer la pluie et le vent, et la façade était coupée d'une grande lézarde qui inspirait quelque crainte pour la solidité du vieux mur, bâti par d'honnêtes Bretons morts depuis trois cents ans.

La châtelaine donna mille francs pour les réparations les plus urgentes, ajoutant qu'elle ne s'en tiendrait pas là. Elle remit cent francs au curé pour ses pauvres, donna un gros pourboire au bedeau et se retira, laissant le bon curé dans un état de satisfaction impossible à rendre.

— Dieu a jeté les yeux sur nous, s'écria-t-il. Dans sa miséricorde, il nous a envoyé un de ses anges ! *Pater noster, qui es in cœlis, sanctificetur nomen tuum !*

Mme de Saint-Elphège était une grande et forte femme d'un aspect digne et imposant. Les cheveux, complètement blancs, se divisaient en deux bandeaux d'un bel argent. Sa figure était pleine, les joues un peu tombantes. Trois étages de menton déparaient quelque peu cette physionomie d'abbesse grasse. Ces gros plis tenaient du goître et de l'andouille. Ils détruisaient l'impression produite par la noblesse du front et l'architecture sévère du nez : un grand nez bourbonien avec des narines échancrées, d'où jaillissaient de chaque côté quelques poils de longeur inégale, poussés là par hasard, comme ces plantes qui se sont fixées dans les interstices d'une muraille.

Mᵐᵉ de Saint-Elphège avait évidemment dépassé la cinquantaine; mais le rouge de ses lèvres, la veloutine de sa peau, l'encre de Chine de ses sourcils protestaient contre l'outrage des ans que la parfumerie moderne a rendu réparable.

Le docteur Rastacouet et le curé de Kerguelen dînèrent deux ou trois fois au château. La cuisine était excellente, les vins exquis.

Du passé de la châtelaine, ils n'apprirent pas grand'chose. Elle était veuve depuis vingt ans.

Propriétaire d'une maison dans Paris, elle ne dépensait pas le quart de son revenu, ce qui lui avait permis de mettre de côté une fortune considérable. Les médecins lui avaient recommandé le grand air, la vie active. Son intention était de passer l'année presque entière dans son château, où son fils ne tarderait pas à venir la retrouver. Seulement, il ne serait jamais là qu'en passant. Il chassait quelquefois, mais sans passion, et après une heure de cheval, il s'étendait sur une chaise-longue et savourait deux ou trois cigares en lisant les nouveautés littéraires. Il n'avait de goût que pour le billard et le piquet.

Cependant, c'était un des gros parieurs des champs de courses.

— Est-il du Jockey-Club? demanda le docteur.

— Non, répondit Mme de Saint-Elphège, il est membre du cercle de la rue Poissonnière.

— Je n'en ai jamais entendu parler, fit le docteur.

— Et quand verrons-nous monsieur votre fils? interrogea le curé.

— Très-prochainement... Seulement, je vous préviens qu'il est un peu sans façon. Les jeunes gens, à Paris, ont maintenant un ton et des allures bien faits pour étonner la province.

Mme de Saint-Elphège était allée en voiture remettre sa carte chez les principales châtelaines des environs. On voisine assez volontiers dans certains pays.

Les dames consultèrent le curé, qui fit un grand éloge de Mme de Saint-Elphège. La baronne de la Calongifardière, si difficile dans le choix de ses relations, fit une visite au château de Coëtlebec. Elle admira l'oratoire de Mme de Saint-Elphège, tendu de cuir de Cordoue ; l'autel gothique, qui provenait d'une église flamande, et des vitraux de toute beauté représentant : l'un l'entrée des anges à Sodome, l'autre Loth et ses filles dans la caverne, le troisième la femme adultère pardonnée par le divin Sauveur.

La visite de la baronne entraîna tout ce qui avait un nom dans le pays : Mme de Vieil-Audemer, et ses deux filles Yvonne et Léopoldine ; Mme de Château-Galvaudé et sa nièce Jehanne ; le comte et la comtesse de Taitonbec, la marquise d'Andouillez-lès-Elbœuf, Mmes de Cornubec, de Plancoët et la belle baronne de Mezidon.

Il y eut au château deux ou trois soirées avec sauterie, et les mamans réclamèrent absolument le jeune Saint-Elphège, pensant qu'il y aurait là un beau parti qu'il ne fallait pas négliger.

Mme de Saint-Elphège promit de décider son fils à venir passer l'automne à Coëtlebec.

Elle était, du reste, la providence du pays. Une douzaine de jeunes filles, de familles pauvres, ayant été obligées de prendre du service, Mme de Saint-Elphège avait payé leur voyage et les avait placées à Paris. Elles écrivaient à leurs parents qu'elles ne manquaient de rien, qu'elles étaient très heureuses. Plusieurs envoyaient même de l'argent, et le facteur de Coëtlebec reconnaissait leurs lettres à une délicieuse odeur de musc et de patchouli qui leur était particulière. Souvent même les enveloppes portaient, au lieu de cachet, une image en couleur représentant deux tourterelles qui se becquetaient amoureusement.

Quelques détails de la vie intime de Mme de Saint-Elphège ne laissaient pas d'intriguer les habitués du château. Leur riche voisine avait un petit chien de la Havanne qui ne la quittait jamais, et elle avait donné à ce chien le nom d'un compositeur célèbre ; il se nommait *Gounod*. La demoiselle de compagnie même, une jeune brune à l'œil de feu, portait le nom païen de *Sapho*, et la femme de Chambre se nommait *Camélia*.

Le fils parut enfin. C'était un grand gaillard de vingt-huit ans, qui regardait toutes les filles sous le nez et qui, en reconduisant à leur place les demoiselles qu'il avait fait danser, les prenaient par la taille et les accompagnait en sautant sur un pied, tandis que, de l'autre, il exécutait des *lancés* d'un effet fort comique, mais d'un bon goût douteux.

Fort bien mis, du reste. Une jaquette de velours gris, un foulard bleu ou rouge autour du cou, une chaîne de montre énorme et sept ou huit bagues à chaque main.

Du reste, le séjour du jeune homme fut de courte durée. Il reçut une lettre dont l'enveloppe portait :

MONSIEUR ALPHONSE FLORINO

Chez Mme de Saint-Elphège,

Au château de Coëtlebec

(Finistère).

Et le lendemain il reprit le train de Paris.

Il y avait près de huit mois que Mme de Saint-Elphège habitait le château. On lui passait ses petits travers à cause de son inépuisable charité. Le curé, ravi, avait enrichi son église de plusieurs tableaux, d'une paire de flambleaux magnifiques. Le chœur avait été repeint. On voyait au-dessus du maître-autel un ciel bleu où de petits chérubins ailés se jouaient dans les nuages. Mme de Saint-Elphège avait encore fait don à l'église d'un bénitier en marbre et d'une statue de la sainte Vierge.

Un jour que la bonne dame était en visite chez Mme de Plancoët, celle-ci lui dit :

— Ah ! je suis bien heureuse ! Mon fils, lieutenant de chasseurs, a obtenu un mois de congé qu'il vient passer ici. Il va descendre, et je serai enchantée de vous le présenter.

— D'où vient-il donc ? demanda Mme de Saint-Elphège.

— Il est en garnison à Paris.

— Oh ! je ne veux pas voir de Parisiens... Je m'en vais !

— Quelle plaisanterie !

— Pas le moins du monde.... Je suis venue ici pour vivre dans la retraite...

A ce moment entra le jeune officier. Il regarda Mme de Saint-Elphège, ouvrit les yeux effarés, recula d'un pas, avança de deux et lui dit avec colère :

— Qu'est-ce que tu viens faire ici ?

— Dodore ! s'écria Mme de Saint-Elphège.

— Veux-tu filer et plus vite que ça ! reprit le jeune homme. Et, la saisissant par les épaules, il la poussa dehors.

Mme de Plancoët était stupéfaite.

— Voilà ce que c'est, ma mère, que de recevoir les gens à l'aventure !

— Une dame si respectable !.

— Pas chez elle.

— Mais enfin, qu'est ce donc ?

— Mon Dieu ! c'est... une négociatrice de mariages libres avec divorce instantané.

Quand la vérité fut connue, ce fut une véritable consternation dans le pays. Le curé fit une maladie de trois mois. Les parents dont les filles avaient été placées par les soins de Mme de Saint-Elphège eurent beau leur écrire lettre sur lettre, aucune d'elles ne voulut revenir.

Mme de Viel-Audemer, la marquise d'Andouillez-lès-Elbœuf et la comtesse de Taitonbec firent une neuvaine pour se purifier.

Quand à Mme de Saint-Elphège, elle disparut et n'est pas encore revenue au château. Quelques étrangers étant venu le visiter, on pense qu'elle l'a mis en vente.

Il n'y eut que M. de Cornubec qui s'égaya fortement de l'aventure.

— J'aurais dû me douter de cela, dit-il au

jeune officier. Les deux fois où j'ai dîné chez cette dame, la femme de chambre m'a aidé à passer mon pardessus. En partant, je lui glissais une pièce blanche... et elle la mettait dans son bas !

UN DRAME DANS UNE CAGE

Une volière sans serins est comme un théâtre sans choristes. Le serin fait sa partie en toute saison. L'hiver, alors que les oiseaux étrangers ne poussent plus qu'un petit cri plaintif, quand la mue paralyse les chanteurs les plus gais d'ordinaire et les plus vaillants, le serin continue son ariette et ses trilles aigus ; il excite ses voisins par l'exemple, il occupe la scène et remplit les entr'actes.

En dehors de cette incontestable utilité, le serin, tout commun qu'il est, a des qualités dont il faut lui savoir gré. Il salue son maître quand il entre, il répond à la voix humaine et se confond en politesses dès qu'on lui adresse quelque compliment.

C'est pour cela que, parmi les paddas blancs au bec rouge, les mozambiques, les bouvreuils, les combassous, les oiseaux bleus du Brésil, les capucins et les nonnes, représentant toutes les couleurs de la palette et toutes les nuances du fifre et de l'harmonica, j'ai toujours maintenu trois ou quatre serins.

Quand la volière reçoit un hôte nouveau, dont le plumage, entrevu chez un marchand d'oiseaux, m'a semblé manquer à ma troupe, c'est un serin qui lui fait accueil et semble lui dire : Vous êtes chez vous ! — Le nouveau venu est embarrassé : il se tient immobile sur un bout de bâton et cherche une contenance. Le serin le salue, lui fait des avances ; il le conduit à la mangeoire, grignote l'échaudé ; enfin, il se baigne pour montrer à son petit camarade qu'il peut jouir d'une liberté relative et qu'il ne manquera de rien.

Il y a quelques jours, ma bonne me dit : « Monsieur, le petit huppé à tête noire vient d'avoir deux ans... »

— Eh bien ?

— Il n'a pas encore eu de petits ; je crois qu'il faudrait lui donner une femelle.

— Vous avez bien fait d'y songer. Achetez-lui une jeune serine, de formes élégantes, et procédez à l'installation du jeune ménage.

Le soir même, le petit huppé à tête noire occupait une cage particulière en compagnie d'une petite serine qui semblait bien un peu évaporée, mais sur laquelle on ne pouvait avoir encore une opinion arrêtée.

Le nid était attaché à l'angle de la cage ; un tapis de mouron recouvrait le parquet ; dans le fond, une auge de porcelaine représentait le bassin de tous les jardins de l'Orient.

Le petit huppé contemplait sa compagne avec des airs de langueur ; il était évident qu'il cherchait à lui plaire. La serine accueillait ses hommages sans empressement, mais sans pruderie ; tout s'annonçait bien et l'on aurait pu croire à un avenir de bonheur pour ces intéressants époux.

Mais le lendemain, quel réveil !

Quand j'entrai dans la chambre, le petit huppé était sombre, nerveux ; il se tenait à l'écart, évitant de regarder du côté de Madame.

Celle-ci, installée dans le nid, les ailes à demi étendues, gardait un silence dédaigneux.

Le petit huppé alla droit sur elle ; il la fit lever d'un coup de bec, et, se tournant vers moi, il me fit voir qu'il y avait... un œuf.

— Déjà ! semblait-il dire.

Et il avait au coin du bec comme un sourire sardonique.

Il n'y avait rien à répondre ; le fait était patent, la preuve irrécusable. Mariée de la veille, la serine avait pondu. Évidemment, chez le marchand d'oiseaux, perdue dans la foule, elle avait écouté un séducteur, le premier sans doute qui lui eût fait entendre des paroles d'amour. Puis, on l'avait vendue comme une Géorgienne sur le marché de Constantinople. Séparée violemment de celui qu'elle aimait, elle comptait sur l'époux légitime pour couvrir les suites de sa faute.

Mais le petit huppé ne semblait point l'entendre de cette oreille.

Cette aventure paraissait l'affecter profondément.

Il me regardait avec sévérité, ayant l'air de dire : Vous m'avez fait épouser une drôlesse Jeune, confiant, j'ai pris celle qu'on me donnait... et me voilà couvert de ridicule, déshonoré, flétri !...

Ne sachant que répondre, je me retirai, n'ayant plus d'espoir qu'en Dieu.

Le lendemain, nouvel œuf, et ainsi de suite, jusqu'à quatre.

Le petit huppé était absolument atterré. Il regardait les œufs d'un air à la fois stupéfait et indigné.

C'est pourtant vrai, semblait-il dire. L'illusion est impossible... Les œufs sont là. Ce sont bien des œufs, et cependant, mes souvenirs sont précis, c'est à peine si j'ai osé lever les yeux sur cette aventurière, à peine si j'ai effleuré le bout de son aile ! Nos becs se sont rencontrés une fois en un chaste baiser, chaste de mon côté du moins... Comme elle dissimulait ! Avec quelle perfidie elle recevait mes compliments ! Elle est entrée sous le grillage conjugal, chaude encore des caresses d'un autre... elle a apporté la honte dans ce nid, espoir de ma jeunesse et de ma virilité !...

Il sautait de bâton en bâton, cherchant une issue pour s'enfuir.

Il était facile de voir qu'il eût voulu courir chez un avoué et signer une demande en désaveu de paternité.

L'idée me vint de lui lire le discours de M. Naquet sur le divorce, mais un simple raisonnement me fit aussitôt renoncer à ce projet.

Cependant l'épouse coupable, dominée par l'instinct de la maternité, restait impassible et muette, sur ses œufs illégitimes. Prête à les défendre au besoin, elle ne perdait pas un seul des mouvements de l'époux outragé.

Jusque-là, elle était descendue pour piquer quelques grains à la hâte ou aspirer une goutte d'eau ; mais ce qui était possible au commencement de la ponte pouvait désormais mettre la couvée en péril. Il arrive un moment où la mère ne doit plus s'éloigner. Un refroidissement suffirait à empêcher la vie de se développer à l'intérieur de la coquille.

La serine, peut-être plus malheureuse que coupable, poussait de petits cris plaintifs. Elle demandait à manger. Monsieur faisait la sourde oreille, prenait des airs distraits et indifférents.

La bonne disait : « Il fait *celui qui ne comprend pas.* »

La serine insistait, persuadée sans doute qu'elle avait droit à une pension alimentaire. Cris et supplications venaient se briser contre l'implacable indifférence de monsieur. La pauvre fille-mère se décidait enfin à quitter le nid ; elle prenait à la hâte un peu de nourriture et revenait vite à son poste.

— Monsieur, reprit la bonne, cette situation ne peut se prolonger, ce serin est irrité, cela se voit, et il ne pardonnera pas. S'il avait déjà été père, peut-être n'abandonnerait-il pas la nichée, mais, étant toujours resté garçon, il sera impitoyable.

— Que faire, alors ?

— L'enlever d'ici et le remplacer par un serin expérimenté, et qui, ayant beaucoup vécu sera disposé à l'indulgence. Le concierge du 10 en a un dont les petits viennent de se hasarder sur les bâtons. Leur mère suffira maintenant à leur éducation ; je vais aller emprunter cet oiseau, et peut-être arriverons-nous à sauver la nichée.

En effet, le petit huppé à tête noire fut remis dans la volière ; et le *voisin*, très au courant des habitudes du ménage, va se remplir le bec de millet et de jaune d'œuf ; puis il vient donner la pâtée à la couveuse, qui le remercie par de petits cris joyeux. Il m'a même semblé lire dans ses yeux un sentiment plus vif que celui de la reconnaissance. D'ici peu, elle aura oublié son premier amour, et, le sentiment du devoir aidant, elle pourra devenir une excellente mère de famille.

Ah ! n'insultez jamais la serine qui tombe !
Qui sait sous quel fardeau sa pauvre âme succombe ?

Tout est maintenant pour le mieux dans la meilleure des cages. Un seul détail m'affecte. Le voisin, ce brave homme de serin qui nourrit la mère et nourrira bientôt les petits ; ce serin dévoué qui a si généreusement accepté ce rôle de père putatif, ce cœur d'élite enfin n'a pu échapper à la raillerie.

La femme de chambre du second l'appelle saint Joseph !

FILS DE DIEU

J'ai passé la soirée avec un ancien magistrat qui a longtemps présidé une chambre de police correctionnelle et qui, devenu conseiller à la cour, s'est fait remarquer par la netteté avec laquelle il a mené les affaires d'assises, grandes et petites.

C'est à la tête du tribunal qu'il a lentement amassé l'expérience et le haut dédain qui ont caractérisé sa manière de présider la cour d'assises.

Après avoir parlé de la situation politique, de l'impuissance de la République à améliorer le sort des classes misérables et finalement de la réunion de la salle Lévis, où la révolution sociale a été proclamée :

— Proclamer la révolution sociale, s'est écrié l'ex-magistrat, c'est comme si l'on proclamait le mouvement terrestre et le cours des planètes. La révolution sociale a commencé le premier jour de la première société et ne s'est jamais arrêtée. Les « moyens extrêmes et expéditifs » dont parlait hier un orateur ne sont pas plus nouveaux que les souffrances du prolétariat. On sait à quoi conduisent ces moyens. Ils ne soulagent la masse qu'en la diminuant. Il est certain que si, sur cinquante mille insurgés, vingt-cinq mille restent sur le pavé, les vingt-cinq mille survivants auront une plus grande somme de travail à se partager et, partant, plus de bien-être. Sous le premier empire, il n'y avait ni souteneurs ni rôdeurs de barrière, parce que tout le monde avait le sac au dos, le shako sur la tête et s'en allait faire le coup de fusil sur tous les points de l'Europe.

C'est à peine s'il restait assez de vieillards, d'enfants et d'estropiés pour la besogne agricole et industrielle du pays. Au milieu de ces guerres sans cesse renouvelées, le travail n'a pas manqué un seul instant. On était pauvre, accablé d'impôts extraordinaires, de réquisitions de toute sorte, et cependant on vivait. On vivait parce qu'il y avait ailleurs beaucoup de morts.

Napoléon aussi employait des moyens « extrêmes et expéditifs ».

La guerre des rues ne vaut pas mieux que la guerre lointaine. L'une et l'autre affaiblissent le pays, épuisent ses finances, diminuent ses ressources.

— Il n'y a donc pas de justice sociale à espérer ?

— L'équilibre finira bien par s'établir, mais scientifiquement et non violemment. Il est certain que le jour où, devenu maître de l'électricité, l'homme pourra voyager par air, transporter ses marchandises sur des chemins sans limites, à mille mètres au-dessus du sol, il n'y aura plus de douaniers, partant plus de frontières. La suppression des frontières, c'est la suppression de la monarchie, car les rois et les princes ne sont que les conservateurs intéressés des nationalités. Le fou qui s'écrie aujourd'hui : Plus de patrie ! — ne fait donc que devancer l'avenir. Vous parliez de justice. La justice n'est qu'un mot. On ne la trouve nulle part dans la création, ou plutôt dans la nature, car le mot de « création » est un non-sens. Du haut en bas de l'échelle animale, tout se détruit, tout se dévore. Le monde semble être une invention du génie du mal. L'empire est à l'atrocité. Aux petits oiseaux, l'aigle, le vautour, l'épervier. Aux petits poissons, la baleine, le requin, dix races de gloutons et de destructeurs. Aux agneaux, le loup ; aux poules, le renard ; à la gazelle, le lion et le tigre. Aux hommes, l'homme.

Il n'y a, du reste, ni coupables ni criminels.

— Et cependant vous avez condamné bien des accusés à la prison et à la mort.

— Pour sauver le plus grand nombre possible des atteintes de quelques-uns.

Les magistrats sont des lieutenants de louveterie. La police et la gendarmerie organisent des battues de voleurs et d'assassins comme on organise des battues de renards et de sangliers. Au fond, l'humanité, vicieuse, corrompue, criminelle, ne fait que suivre sa voie. C'est la loi de l'atavisme : une tendance générale de l'homme, des animaux et des plantes, à retourner au type primitif. Les voleurs descendent des compagnons de Romulus. Les hommes qui ont des goûts contre nature remontent, par une ascendance possible à reconstruire, aux foudroyés de Sodome et de Gomorrhe. Si vous parvenez à rétablir l'arbre généalogique des demoiselles Giraud de notre époque, vous les ramènerez à leur berceau, qui fut Lesbos. On reproche aux juifs de dédaigner le travail manuel ; ce n'est pas leur faute si ce travail leur répugne. Ils ont conservé le goût des nomades, allant devant eux avec leurs troupeaux et plantant leur tente là où ils trouvaient des pâturages et de l'eau douce. Toutes les races sont logiques...

Et moi, moi qui vous parle, je descends certainement de Ponce-Pilate, d'Hérode Antipas ou de Caïphe, car, il n'y a pas longtemps, *j'ai condamné Dieu* !

— Comment cela ?

— L'humanité n'est pas aussi vieille qu'elle le paraît. Il n'y a que dix-huit cent quatre-vingt-quinze ans que Jésus-Christ a été supplicié. Superposez la vie de trente-huit hommes ayant vécu chacun cinquante ans, et vous êtes ramené à l'époque du rachat du péché originel. Eh bien ! il y a de cela deux ou trois ans, un révolutionnaire comparut devant la cour d'assises de... Il était signalé comme un homme des plus dangereux. Il avait conspiré en Russie avec les nihilistes, en Irlande avec les fenians, en France avec tous les révolutionnaires et tous les socialistes de nuances diverses et de moyens différents. La cour le condamna à mort.

— Et il a été exécuté ?

— Pas en France, au moins, car il trouva moyen de s'évader, mais on m'a affirmé qu'il avait été pendu dans une petite ville de Russie. Les papiers trouvés chez lui étaient restés entre mes mains, et, en les examinant avec soin, j'y retrouvai une légende qui m'a toujours laissé rêveur... Vous avez lu la *Vie de Jésus*, de Renan ?

— Oui.

— Et *Sainte Marie-Madeleine*, du père Lacordaire ?

— Egalement.

— Permettez-moi de vous en rappeler — de mémoire — certains passages... Même de nos jours, Nazareth est encore un délicieux séjour, le seul endroit peut-être de la Palestine où l'âme se sente un peu soulagée du fardeau qui l'oppresse au milieu de cette désolation sans égale... L'horizon de la ville est étroit ; mais, si l'on monte et qu'on atteigne le plateau, caressé d'une brise perpétuelle, la perspective est splendide. A l'ouest se déployent les belles lignes du Carmel, terminées par une pointe abrupte qui semble se prolonger dans la mer. Puis se déroulent les montagnes du pays de Sichem et le Thabor, avec sa belle forme arrondie. On entrevoit la vallée du Jourdain et les hautes plaines de la Pétrée... Au nord, les montagnes de Safed, en s'inclinant vers la mer, dissimulent Saint-Jean-d'Acre, mais laissent se dessiner aux yeux le golfe de Kaïfa. Tel fut l'horizon de Jésus...

Plus loin, Renan nous dit :

« Il n'avait aucune affectation extérieure, ni montre d'austérité. Un de ses miracles fut fait pour égayer une noce de petite ville. Les noces, en Orient, ont lieu le soir. Chacun porte une lampe ; les lumières qui vont et viennent sont d'un effet fort agréable. Jésus aimait cet aspect gai et animé...

» La religion naissante fut un mouvement de femmes et d'enfants. »

Toute la vie de Jésus fut une vie d'indulgence, de bonté, d'amour. Elevé dans le doux paysage de Nazareth, il en sortit pour prêcher tous les pardons et il osa absoudre même la femme adultère !

Le village de Béthanie, à une heure et demie de Jérusalem, était le lieu de prédilection de Jésus. Il y fit la connaissance d'une famille composée de trois personnes, deux sœurs et un frère. Des deux sœurs, l'une, nommée Marthe, était une personne obligeante, bonne, empressée : l'autre, au contraire, nommée Marie, plaisait à Jésus par une sorte de langueur. Souvent, assise aux pieds de Jésus, elle oubliait, à l'écouter, les devoirs de la vie réelle.

Or, voici ce que raconte le père Lacordaire :

« Marie laisse tomber ses cheveux autour de sa tête et, faisant de leurs tresses magnifiques un instrument de sa pénitence, elle essuie de leur soie humide les larmes qu'elle répand...

» Elle a frappé le disciple de l'amour, tout initié qu'il était aux secrets intérieurs de l'holocauste, et voulant transmettre aux siècles à venir le signalement de Marie, il n'a rien trouvé de mieux pour la peindre et la faire reconnaître que de dire d'elle : *C'était cette Marie qui oignit le Seigneur d'un parfum et qui en essuya les pieds avec ses cheveux.* »

» Cela fait, la pécheresse s'enhardit. Elle approche des pieds du Seigneur *ses lèvres déshonorées* et les couvre de baisers.

» Pécheresse encore, elle a reconnu Dieu dans la chair du Fils de l'homme.

» Elle prend dans un vase d'albâtre un parfum précieux. Peut-être avait-elle déjà cherché dans ce vase un accroissement de ses honteux plaisirs... »

Alors, sans doute, l'homme oublia le Dieu. Enivré, il eut son instant de faiblesse, il succomba...

Après quoi, grave et repentant lui-même, il s'écria : « Simon, j'ai quelque chose à te dire. » Et Simon lui dit : « Maître, dites... »

Et, se tournant vers la femme, il dit à Simon : « Tu vois cette femme ?... Beaucoup de péchés lui seront remis, parce qu'elle a beaucoup aimé ! »

Le magistrat passa la main sur son front, un instant obscurci.

— Eh bien ! reprit-il, l'homme que j'ai condamné et que les bourreaux du Nord ont supplicié se nommait d'après les pièces de l'état civil, *Simon-Christ de Béthanie*. Et il n'y avait pas à dire, le nom s'était transmis de père en fils. Extraits de naissance, notes, manuscrits gothiques, palimpsestes en faisaient foi. Ce révolutionnaire, ce socialiste, ce martyr était issu de cette minute d'oubli ou de sacrifice pendant laquelle celui qui s'était fait homme avait connu la faiblesse de la chair. De trente-huit descendants, celui que j'avais condamné était le dernier, le petit-fils du Christ et de celle « à laquelle il devait être beaucoup pardonné parce qu'elle avait beaucoup aimé !... » Cet accusé de cour d'assises, ce condamné de France, ce supplicié de Russie, en faisant la part du sang des trente-huit mères, était un soixante-seizième de Dieu !...

L'ex-président me regarda d'un air égaré.

— Voilà pourquoi, ajouta-t-il, je n'ai plus voulu juger personne.

ETRE INVISIBLE

Vous rappelez-vous un drame qui s'est dénoué en cour d'assises, il y a de cela vingt ans à peine ? Une des plus jolies actrices de Paris, Clotilde, fut assassinée par son amant, le baron Mégly.

Le baron avait vingt-huit ans à peine ; il était seul avec Clotilde, qui avait renvoyé sa femme de chambre. Il prétendit que, le matin, en se réveillant, il l'avait trouvée baignant dans son sang et un stylet planté dans le cœur.

Le jeune homme fut arrêté et ne put que protester de son innocence. Il comparut devant la cour d'assises le 14 mars 1864, et s'empoisonna dans sa prison pour échapper à une condamnation probable.

Le mot de cette énigme vient d'être révélé par un fou qui semble, après plusieurs années de traitement, avoir recouvré la raison, au moins en partie.

Le récit est étrange et dit assez dans quelle voie fatale est poussée la jeunesse parisienne.

C'était le soir du crime.

..... Cinq ou six jeunes gens avaient soupé dans un cabinet de la *Maison-Dorée*. Il était deux heures du matin. Les serviettes rejetées sur la table, les bouts de cigare éteints sur une couche de cendres, les assiettes où le verre à liqueur se remplissait encore de chartreuse et de kummel, tout disait que l'heure de la dernière causerie était arrivée.

C'est le moment des confidences et des divagations, des rêveries et des aveux ; chacun place son mot ; les pensées intimes s'évadent avec la fumée de la *flor de Habana*.

— Si j'avais aujourd'hui, disait l'un des convives, les soixante mille francs de rentes que j'ai laissés au club, j'achèterais la meute de la Richardière que l'on vend demain, mais j'ai déjà assez de mal à nourrir mon valet de chambre et deux chevaux. Tu remontes sur l'eau, toi, Henri ?

— Oui, j'ai eu deux ou trois fois la main cette semaine, je ne perds plus que vingt mille francs.

— Combien as-tu rattrapé ?

— Deux cent mille à peu près.

— Ton père va bien ?

— Il est voûté, mais je crois que c'est une garantie de solidité, comme l'inclinaison d'une tour.

Un tout jeune homme, Raoul de C..., à demi couché sur un divan, restait seul étranger à la conversation.

Absorbé dans ses réflexions, il fixait du regard une draperie de velours que perçait un rayon de lune, et, de temps à autre, ses lèvres remuaient sans qu'il proférât aucun son.

— A quoi penses-tu, Raoul ? demanda un des causeurs.

— Moi ? fit-il comme un homme qu'on réveille, je ne pense à rien.

— Il a son idée fixe, reprit son interlocuteur en s'adressant à la galerie.

Puis, se levant, il frappa sur l'épaule du jeune homme, et ajouta en riant :

— Tu n'y arriveras pas, mon ami ; tu auras beau faire, la solution t'échappera.

— Qu'est-ce donc ? demandèrent les autres.

— C'est bien simple, dit celui qui paraissait connaître le secret des rêveries de son compagnon, Raoul ne s'intéresse plus à la vie. On lui apprend que *Fidéline* est arrivée première d'une demi-longueur, il répond : « Qu'est-ce que cela me fait ? » On lui raconte que Cora a mis ses bijoux au Mont-de-piété, que le vicomte des Abois a été surpris trichant au jeu, que Castelsaisi est parti pour l'Australie, il reste impassible à toutes ces nouvelles, autrement graves que celles de l'agence Havas.

— Pourquoi ? demanda le chœur.

— D'autres envient un équipage, une villa au cap d'Antibes, une chasse, un cheval, une femme ; seul, il n'envie rien. Ses désirs sont au-dessus du vulgaire. L'enfant qui demandait une étoile était facile à satisfaire, quand on sait ce que convoite si ardemment notre mélancolique camarade.

— Qu'est-ce donc ? reprirent les autres.

— Cherchez dans les contes de fées, dans les aventures des génies, dans la magie noire ou blanche, — et vous trouverez.

— Dis-le tout de suite !

— Eh bien ! Raoul veut être invisible.

— Invisible ? s'écrièrent tous les convives à la fois.

— Et il y pense sérieusement ; il cherche des combinaisons d'éther et de chloroforme ; il s'occupe sérieusement, en un mot, d'arriver à son but.

Raoul se leva, fort pâle, et dit simplement :

— Ce qui vous étonnera bien davantage, Messieurs, c'est que j'y arriverai.

Les jeunes gens le regardèrent d'un air de compassion,

— Et que feras-tu, s'écria l'un d'eux, quand tu seras invisible ?

— Ce que je ferai, je vais vous le dire !

Raoul sonna et fit servir un punch.

— Je ferais, dit-il alors, plus de bien que de mal. Je prendrais ici pour mettre là. J'attaquerais impitoyablement les excès et les injustices. Je frapperais les traîtres, les hypocrites, tous les êtres malfaisants. Jamais lieutenant de police n'a compris mieux que moi les devoirs que je m'imposerais. Je serais à la fois l'opinion, la justice et la condamnation.

— Voilà pour le bien ; où serait le mal ?

— Le mal ? dit le jeune homme, je ne sais si ce serait un mal ?

— Mais encore ?

— Eh bien ! fit-il avec effort, j'irais chez Clotilde... J'entrerais chez elle avec le vent, et je me retrouverais dans cette chambre où j'étais accoutumé de me trouver à ses pieds. Là, j'écouterais ce que lui dit un autre homme ; j'assisterais à cette scène d'amour. Elle lui ferait sans doute les mêmes serments et les mêmes protestations qu'elle avait coutume de débiter ; je n'en perdrais ni un mot ni un geste. La certitude de la vengeance calmerait mes sens et me donnerait la force d'aller jusqu'au bout. Alors, au moment où je verrais les lèvres de Clotilde s'approcher des lèvres de celui qu'elle aime aujourd'hui, je serais là, un genou en terre, guettant le cœur qui m'a trahi — et j'y plongerais un couteau... Satisfait, assouvi, j'assisterais au désespoir et à la terreur *de l'autre* ; je toucherais ses larmes, et quand j'entendrais les voisins accourus demander : « Où est l'assassin ? » ce me serait une joie étrange de voir cet homme prendre sa tête à deux mains et chercher autour de lui...

Où est l'assassin ? — Il n'y a que vous ici. La porte est fermée...

Je le verrais marcher entre les gardes, l'œil égaré, confondu...

Je le suivrais dans sa prison pour y compter ses angoisses.

Si la justice manquait de preuves, j'en porterais chez lui ; je mettrais sur sa cheminée le couteau taché de sang ; j'élargirais sur son linge les éclaboussures qu'il aurait reçues ; et si le bourreau était malade, je m'offrirais aux geôliers avec le masque noir de l'exécuteur de Charles Ier.

— Il est fou ! dirent les soupeurs.

Les verres s'étaient remplis et vidés plusieurs fois. Raoul sortit et se dirigea machinalement vers la maison de Clotilde.

Il sonna ; la porte s'ouvrit.

Raoul passa sans bruit devant le logis du concierge, et, comme il avait conservé une clef de l'appartement, il put arriver jusqu'à la chambre de sa maîtresse infidèle.

Raoul la frappa au cœur.

Clotilde ne poussa pas un cri, tant le coup porté fut terrible.

Le meurtrier descendit tranquillement et regagna sa demeure.

Le concierge ne se rappela point, le lendemain, qu'il avait ouvert la porte au milieu de la nuit. Il prétendit que, à chaque fois, le locataire s'était nommé.

Nulle trace de violence chez Clotilde ; aucun vol n'avait été commis ; il n'y avait chez elle que le baron de Mégly, on ne put accuser que lui.

Il est certain que Raoul s'était cru invisible, car, dans la maison de santé où on le fit entrer peu de temps après, il avait la prétention de n'être vu de personne, et riait beaucoup quand on faisait semblant de le chercher...

UNE SOIRÉE DANS LE MONDE

La baronne de Ventremol est une des femmes les plus respectables du faubourg Saint-Honoré. Elle suit régulièrement les offices avec ses deux filles, Pauline et Jehanne, âgées, l'une de vingt ans, l'autre de dix-huit. Mme de Ventremol, quoique ayant dépassé la quarantaine, est encore fort appétissante, et n'était un petit air dédaigneux, un air de famille, du reste, qu'elle tient des comtes d'Artifroid, ses ancêtres, elle serait encore fort recherchée.

Entichée de sa noblesse, Mme de Ventremol a élevé ses filles dans l'idée qu'il y a deux variétés dans l'espèce humaine, les élus qui ont un titre et une particule, et le commun, bourgeois et manants, dont le nom se présente tout nu.

Elle cite un d'Artifroid qui figurait à la première croisade et un Ventremol, à qui saint Louis fit cadeau d'une tabatière enrichie de brillants.

Quant au baron de Ventremol, il fait partie du cercle Agricole et de l'Impérial ; il regrette la royauté, et, faute de royauté, l'empire. C'est, du reste, un bon vivant, pas fier, grand conteur d'histoires de chasse et courant le guilledou quand les becs de gaz sont allumés.

Un matin, la baronne aperçut dans le plateau de l'antichambre une grande enveloppe qui lui parut contenir une invitation.

— Il faut pourtant, se dit-elle, que je sache une bonne fois où mon mari passe ses soirées. Une femme doit respecter le secret des lettres, mais une invitation est chose banale... Cette enveloppe ne contient qu'une carte et le scrupule serait déplacé dans cette circonstance.

« Monsieur le baron de Ventremol,

» 6, rue du Colisée.

» Mme Blanche d'Austerlitz a l'honneur de vous
» inviter à passer la soirée chez elle, le samedi
» 4 octobre. L'exhibition d'objets d'art est ou-
» verte de neuf heures à quatre heures du matin.
» Grand déballage de divinités japonaises.

» 89, rue Feydeau. »

Mme d'Austerlitz ? fit la baronne. Qu'est-ce que cela peut bien être ? Noblesse de l'Empire évidemment. Ce n'est pas là que je chercherai des maris pour mes filles. Cependant il faut voir !

Elle entra dans le petit appartement où Pauline et Jehanne prenaient leurs leçons de musique et d'anglais.

— Mes enfants, leur dit la baronne, nous irons samedi en soirée...

— Quel bonheur ! s'écrièrent les demoiselles en battant des mains.

— Seulement pas un mot à votre père...

— Il y sera ?

— Certainement, et comme il ne vous amène jamais nulle part, c'est une surprise que je veux lui faire.

Les demoiselles de Ventremol passèrent à essayer des toilettes les trois jours qui devaient s'écouler avant la date fixée pour la soirée de Mme Blanche d'Austerlitz.

Précisément, le baron avait annoncé qu'il dînerait au cercle.

A neuf heures et demie, Mme de Ventremol et « ses demoiselles » montèrent dans le landau.

La baronne portait une robe de soie mauve ; Pauline était en rose, et Jehanne en bleu avec des fleurs dans les cheveux. Elles étaient gentilles à croquer.

— Rue Feydeau, 89, dit la baronne.

La voiture s'arrêta devant une maison élevée de cinq étages. La porte de la rue était ouverte à deux battants, et on apercevait l'escalier brillamment éclairé. Deux palmiers dans leur caisse ornaient le vestibule et un riche tapis recouvrait les marches.

Une femme de chambre attendait à l'entresol.

— Mme d'Austerlitz ! demanda la baronne.

— Donnez-vous la peine d'entrer, dit la bonne, madame va être à vous dans un instant.

Elle poussa la baronne et ses filles dans une sorte de boudoir tapissé de glaces du haut en bas. Un piano, deux fauteuils et un large divan composaient tout l'ameublement.

— Comme c'est beau ! dit Pauline, on se voit des pieds à la tête...

— Oui, ajouta Jehanne, mais où sont les invités ?

A ce moment, de grands éclats de rire éclatèrent dans une pièce voisine.

— Oh ! il y a beaucoup de dames arrivées, dit la baronne.

— Mais... je n'ai pas vu de messieurs ? objecta Pauline.

Un timbre retentit et la femme de chambre cria dans l'escalier :

— Un monsieur monte !

La baronne était tout effarée :

— Quelle singulière façon d'annoncer les invités ! murmura-t-elle. Décidément, cette noblesse de l'Empire ne nous ira jamais à la cheville...

La porte s'ouvrit et une femme d'une cinquantaine d'années entra dans le boudoir. Toilette somptueuse, éclatante. Des diamants partout ; aux oreilles, au cou et aux doigts.

Quant à la figure, un véritable pastel.

— Vous désirez me parler, Madame ?

— Madame d'Austerlitz ? fit la baronne avec une grande révérence.

— Elle-même.

— Je suis venu avec mes filles...

— Ces demoiselles sont à vous ?

— Oui, Madame.

— Elles sont charmantes !

— C'est presque leur entrée dans le monde...

Mme d'Austerlitz leva les yeux au ciel.

— Je vous comprends, Madame, dit-elle, c'est un sacrifice souvent pénible pour une mère... Ce sont sans doute des revers de fortune qui vous ont décidée ?

— Mais non, balbutia la baronne qui ne comprenait rien à la conversation.

— Comment se nomment-elles ! reprit Mme d'Austerlitz.

— Pauline et Jehanne.
— On les appellera Sapho et Camélia...
— Pourquoi cela ?
— C'est l'usage.

Mme de Ventremol allait demander une explication, quand une négresse splendide, les épaules et les bras nus, entra dans le petit salon.

— La monnaie de cent francs, s'il vous plaît, Madame.

Mme d'Austerlitz rendit la monnaie.

— Dites donc à ces dames, fit-elle avec sévérité, de faire moins de bruit.

La négresse se retira, et par la porte entr'ouverte, la baronne entendit une voix qui disait :

— Une bouteille de champagne à la chambre Louis XIII !

— Un punch au salon chinois !

Complètement déroutée, la baronne s'écria :
— Cette femme noire est très-belle.
— Elle a beaucoup de succès, répondit Mme d'Austerlitz ; mais il y a place à côté d'elle.
— C'est la reine de Taïti ?
— Non, c'est une fille du Sénégal.
— Ah ?

Mme d'Austerlitz baissa tout-à-coup la voix :
— Eh bien ! si nous causions un peu de ces petites ?

— Volontiers, répondit la baronne, où est le salon ?

— Doucement, s'écria Mme d'Austerlitz, on n'entre pas comme cela tout de suite... il y a des formalités...

— Quelles formalités ?

Mme d'Austerlitz eut un tressaillement.

— Ah ! ça, Madame, comment et pourquoi êtes-vous venue ici ?

— Mon Dieu ! répondit la baronne, j'ai trouvé une invitation adressée à mon mari... vous l'engagiez à passer la soirée chez vous, et j'ai voulu le surprendre...

Mme d'Austerlitz se leva tout d'un trait :

— Sortez vite, Madame, dit-elle. Si vous n'avez pas de voiture en bas, on va aller vous en chercher une...

— Mais j'ai mon landau !

— Eh bien ! couvrez le visage de ces demoiselles et demandez l'escalier sans retourner la tête... vite ! vite !

Mme d'Austerlitz cria :

— Fermez toutes les portes !

La pauvre baronne eut alors comme une vision. Par une porte entr'ouverte, elle entrevit des femmes jeunes, décolletées, des bas de soie rose, bleue, gris-perle... Elle crut qu'elle allait s'évanouir.

Le landau reprit au grand trot le chemin de 'hôtel...

Le lendemain, la baronne alla trouver son confesseur. L'entrevue fut longue... Quand la baronne rentra chez elle, elle avait les yeux rouges. Elle dit à ses filles : — J'ai commis une grande faute en ouvrant une lettre adressée à votre père... Je ferai six mois de pénitence !]

Elle tira une bouteille d'eau bénite qu'elle avait rapportée de la sacristie, et elle aspergea ses filles des pieds à la tête.

— Mes enfants, ajouta-t-elle, ne parlez jamais de cette soirée !

LE GRENIER

Ce qui manque à Paris, tant aux grands qu'aux petits appartements, c'est cette pièce sous les toits, ce magasin général de la famille qu'on appelle « le grenier. » Ici, les combles sont disposés en chambres de domestiques, de petits carrés longs où il y a place tout juste pour un lit, une chaise, une armoire basse et un pot à l'eau. Encore, la plupart du temps, l'armoire est remplacée par un porte-manteau surmonté d'une étagère en bois blanc. Un miroir de cinquante centimètres de haut complète l'ameublement. C'est devant ce miroir que de pauvres jeunes filles de la Bourgogne et de la Normandie étalent leurs épaisses chevelures et contemplent la ferme poitrine où le garçon boucher appuie sa lèvre, quand ce n'est pas le porteur d'eau.

Le locataire du premier a droit à trois

chambres de bonnes : le locataire du second à deux seulement; les autres, petits bourgeois, sont réduits à une domestique à tout faire et n'ont droit qu'à une seule chambre sous les toits. Les propriétaires en sont avares. Si, par hasard, il se trouve là-haut une ou deux boîtes à dominos qui soient éclairées par une petite fenêtre au lieu de la lucarne à bascule qu'on relève ou qu'on abaisse avec une tige en fer, cela se loue très bien deux ou trois cents francs par an aux garçons de café. De grenier, point. Des débris du mobilier ou des ustensiles, les uns se jettent, les autres se vendent.

Je ne m'explique pas qu'un jeune naturaliste, de la suite du maître de Médan, n'ait pas eu l'idée de consacrer une étude minutieuse au grenier de province.

Dès ma plus tendre enfance, le grenier m'attirait. Il y avait, dans la première maison dont j'ai gardé le souvenir, le grenier de M. Lancelin, professeur d'hydrographie et locataire du premier étage. Porte peinte en gris, toujours hermétiquement fermée. Que pouvait recéler le grenier de M. Lancelin? Un jour que la bonne était allée chercher une valise, ma petite sœur et moi nous avions aperçu une mappemonde et des instruments de marine. M. Mallac propriétaire de la maison, dont il occupait le troisième étage, avait deux greniers. Dans l'un, il mettait le sarment, dans l'autre ses malles, des caisses vides, des meubles hors d'usage. Au bas de chaque porte, il y avait une chatière afin que Minouche, Raton et Fifi pussent se livrer à leur aise à la chasse aux souris et faire leur promenade sur les toits en passant par une lucarne ou par un appentis.

Locataires du second, nous avions aussi deux greniers, à côté desquels se trouvait la chambre de la cuisinière, pièce mansardée où l'on ne pouvait se tenir debout que du côté du corridor ; la femme de chambre, mieux traitée, occupait une petite pièce avec fenêtre sur la cour. J'y ai vu passer, en dix-huit ans, Héloïse, grande blonde qui ne se gênait pas pour faire sa toilette devant le *petit*; Julie, charmante Basquaise aux yeux noirs qui me disait toujours: « Quand vous serez plus grand ! » Et Françoise, une fille d'Orthès, plantureuse et superbe comme la statue de la ville de Marseille ; et la petite Marie, fille d'un paysan de Langon, si gentille dans son petit veston de tricot blanc et bleu ; et Florence à l'œil langoureux, qui murmurait d'une voix de fantôme pâmé : « Si l'on n'avait pas quelque chose pour se consoler de la misère, mieux vaudrait se tuer tout de suite... »

Hélas ! que j'en ai vu passer de jeunes bonnes !

Dans chaque grenier — c'est la tradition — se trouve, dans un coin, où le soleil donne, un demi-fût de vinaigre, de bon vinaigre de vin. Les uns le font rouge, les autres blanc ; affaire de goût. L'important, c'est que ce ne soit pas cet horrible vinaigre de bois, qu'on fabrique dans des étuves et qu'on additionne d'un acide qui vous fait les lèvres blanches et vous corrode l'estomac.

La barrique de vinaigre est appuyée sur deux pièces de bois ; autour du robinet de buis, de petits moucherons aux ailes blanches se pressent comme des fourmis sur un morceau de sucre. La bonde n'est pas mise ; pour que le vinaigre se fasse, il faut de l'air. Une branche de cornouiller trempe dans le vin aigri pour hâter la maturité du liquide et lui donne plus de force. En été, dans les grandes chaleurs, l'odeur du vinaigre emplit le grenier et vous fait resserrer les narines. On s'y grise presque, et si la petite bonne est, par hasard, à faire sa toilette, on regarde par la fente de la porte dont le bois a joué ; et on dit tout bas : « Héloïse, ça sent bon le vinaigre. Viens donc voir... »

Locataire important, papa avait ses deux greniers communiquant entre eux.

Dans le premier, se trouvaient les chauffe-pieds et le moine, qu'on ne descendait qu'en hiver ; le bain de siège, accroché au mur, deux vieux fauteuils et trois chaises cannées hors de service. Au fond, les malles et les valises savamment étagées ; des paquets de corde et de ficelle pendant à de gros clous : la face tournée contre le mur, le portrait à l'huile de ma tante Gémone et celui de mon grand-père Christophe. La toile était crevée en deux ou trois endroits, et dans les récréations du dimanche, quand Saint-Clair et Volney, mes deux camarades, venaient passer la journée à la maison, nous jouions au tonneau tantôt avec l'un, tantôt avec l'autre de ces portraits de famille. J'avais fendu, avec un couteau, la bouche de ces grands-parents, et il s'agissait de viser assez juste, depuis l'autre bout du grenier, pour y faire passer des pièces de dix centimes.

Il y avait encore dans ce grenier une guitare sans cordes, dont mon père avait joué de 1815 à 1835 ; des morceaux détachés du *Troubadour*, journal de musique où j'ai épelé les premières poésies qui aient chatouillé mon oreille...

Je les savais par cœur, et je ne résiste pas au désir d'en faire apprécier quelques morceaux aux lecteurs des *Névroses* et des *Blasphèmes:*

A MES FLEURS

Chanson.

Vous qui, dans un temps plus tranquille,
Me donniez des plaisirs si doux,
Ornements de mon simple asile,
Mes fleurs, que me demandez-vous ?

Autrefois, par une onde pure,
Du soleil combattant les traits,
J'aimais à réparer l'injure
Qu'il avait faite à vos attraits.

Hélas ! pourquoi vouloir encore
Rappeler de si doux moments ?
Zaïs qui les faisait éclore, -
Zaïs a trahi ses serments !

Enfants de la riante Flore,
Nos destins sont peu différents ;
Vous n'aurez brillé qu'une aurore,
Je meurs au printemps de mes ans !

Je vous fais grâce de *Sélima ou l'Abandon*, mais je tiens à ce que vous connaissiez :

L'AMANT MALHEUREUX

Romance.

Plaignez le sort d'un berger trop sincère,
Aimant d'amour mais n'ayant aucun bien ;
Ne peut offrir à sa jeune bergère
Que son troupeau, sa houlette et son chien.

Qui donne tout, que peut-il davantage ?
Cœur généreux n'en demande pas tant.
Mais l'intérêt veut plus grand apanage ;
Pour un peu d'or, Lise change d'amant.

L'aube du jour me retrouve au bocage,
Où dès le soir je vais cacher mes pleurs.
Ne peux sortir de mon tendre servage ;
Tout m'y retient, tout, jusqu'à mes douleurs.

C'est bien en vain qu'appelle la sagesse,
Celui qu'Amour enchaîne sous sa loi,
O vous, amants, qui blâmez ma faiblesse,
Vous n'aimez point, si n'aimez comme moi !

La vignette du *Troubadour* représentait un jeune homme avec des bottes à revers, qui jouait de la guitare, assis sur un rocher.

Au fond, son cheval, dont la bride était passée à une branche d'arbre, semblait prendre plaisir à écouter un peu de musique.

Avec les livraisons du *Troubadour* se trouvaient entassés des volumes la plupart dépareillés ; Walter Scott et Fenimore Cooper, traduits par Defauconpret, *Atala*, *René*, le *Dernier des Abencerages* et des tas de romans : *Alme͏̈ïda ou l'enfant des tombeaux*, *Agathe ou le Petit vieillard de Calais*, par Victor Ducange ; un roman en quatre volumes intitulé : *Aventures d'un jeune Espagnol*, puis *Cécilia ou les Mémoires d'une institutrice* ; la *Citerne mystérieuse ou les brigands de la forêt.* J'ai pourtant lu tout cela !

Le deuxième grenier était d'un abord moins facile. Des cordes le traversaient, destinées à étendre le linge de ménage. Il y avait des encombrements de barreaux de chaises, de vieux tabourets d'acajou d'où le crin sortait, d'anneaux de verre pour faire glisser les rideaux, et puis des tringles, des vieux paniers, une pendule d'albâtre avec un buste de Minerve dont il ne restait qu'une moitié, un encrier de bronze sans godets, un petit fauteuil d'enfant et un berceau d'osier. Dans une caisse en bois, des clous, des pitons, une tenaille, un marteau, des boîtes en fer-blanc ayant contenu des conserves, un tire-bouchon cassé, que sais-je ?...

Une poutre traversait le plafond. C'est sur cette poutre que se tenait généralement Minouche, les pattes pliées sous le ventre et les yeux à demi-fermés.

Au fond, quelques douzaines de paquets de sarments. C'est là qu'on venait chercher les brindilles pour faire une flambée. L'omelette et les crêpes se dorent bien mieux à la flamme du sarment qu'à celle du bois ordinaire. Les sarments ont été témoins de bien des luttes.

A la campagne, on a le gazon. Un grenier, s'il ne s'y trouve un sommier avarié ou une vieille paillasse, est un endroit des plus inhospitaliers. La chambre de la bonne est surveillée ; les dames de la maison viennent tour à tour faire une petite ronde et voir ce qui se passe. On risque d'être surpris. Tandis que, au grenier, on peut facilement dissimuler. On a l'air de chercher quelque chose, les prétextes ne manquent pas.

Sarments, doux sarments, tombeau de la vertu des bonnes, hâtez-vous de reparaître aux ceps ravagés par le funeste phylloxera ! Sans vous, sarments moelleux, souples comme les ressorts des tapissiers parisiens, c'en est fait de l'amour naïf, des baisers printaniers sous les tuiles chauffés par le grand soleil du Midi.

Julie, le sein soulevé, était assise sur un sarment, quand, serrant la main de l'élève de rhétorique qui appuyait ses lèvres sur les siennes, elle disait d'une voix frémissante: « Vous m'aimerez toujours, n'est-ce pas ?... »

Et le vinaigre, montait au cerveau des jeunes amoureux qui, pour la première fois tous les deux, venaient d'obéir à la nature.

Pauvre Julie! elle fut renvoyée trois jours après, parce qu'elle avait laissé brûler le bœuf à la mode !

UN RÊVE D'EDGARD POË

On sait qu'à la suite d'une brouille avec M. Allan, son père adoptif, Edgard Poë conçut le projet d'aller combattre les Turcs dans les rangs des Hellènes. Il partit pour la Grèce. Que devint-il alors ? On ne l'a pas su.

En 1828, Poë se retrouve à Saint-Pétersbourg dans un extrême dénument, sans passeport et obligé de recourir au ministre américain pour se repatrier.

Il ne fit que traverser Paris et y prit deux ou trois repas dans une crémerie du quartier des Martyrs. La veille de son départ, il avoua à la bonne femme qui tenait ce caboulot qu'il ne savait où passer la nuit. Le lendemain matin, il devait recevoir un secours de route et un billet d'indigent pour se rendre à Bordeaux, où un capitaine américain le recevrait à son bord. Poë avait avec lui tout son bagage, qui tenait dans un petit sac ; deux chemises, trois mouchoirs et une bouteille de gin.

L'établissement de la crémière était trop étroit pour que le voyageur pût y coucher, mais une voisine, qui vendait des fromages, mit à sa disposition un lit de sangle et un matelas laissés inoccupés par son fils. Poë accepta sans façon le refuge qui lui était offert.

La marchande ferma la boutique à dix heures et monta dans sa chambre, située au cinquième étage. Resté seul dans l'obscurité, Poë saisit sa bouteille et se mit à boire à petites gorgées....

Dupont de Nemours prétendait avoir découvert l'alphabet des oiseaux. Plusieurs naturalistes affirment que les insectes, même, ont un langage et qu'ils communiquent entre eux au moyen des antennes. Ce qu'il y a de certain, c'est que tous les animaux s'appellent, se répondent, qu'ils ont des intonations pour la joie et d'autres pour la douleur...

Edgard Poë avait bu la moitié de sa bouteille de gin quand il entendit quelque chose comme une susurration dans la boutique. Il tendit l'oreille. Ce n'était pas le vent passant régulièrement par le trou de la serrure ou par la fente des volets. Il y avait des arrêts, des saccades, des intentions dans la façon dont le silence était troublé.

Poë descendit, pieds nus, de son pliant, plongea une allumette soufrée dans une fiole de Fumade et regarda autour de lui. Rien. Les fromages s'alignaient sur les étagères. Un grand brie entamé ouvrait son flanc laiteux. Une rangée de fromages de Hollande s'alignaient sur une planche comme les têtes de morts dans les catacombes. Au-dessous, les marolles, les camemberts, les roqueforts, les Pont-l'Evêque ; de l'autre côté, les Mont-d'Or et les petits suisses. Il n'y avait, ni sur le sol ni sur les murs, aucun insecte nocturne.

Un instant, Poë avait cru à une invasion de cancrelats ; mais tout était blanc, propre, immobile. Il poussa du pied un petit tas de paille balayée dans un coin ; il n'y avait rien.

L'allumette s'éteignit et quelque chose comme un millième de chuchotement arriva à son oreille. On causait dans un roquefort.

Et tout à coup il lui vint une intuition soudaine ; il comprit.

Tout est peuplé dans la nature. Une goutte d'eau contient des milliers d'êtres vivants. Vue au miscroscope, elle avoue des monstres armés de défenses formidables. Combien de milliards d'êtres vivants pouvait renfermer cette boutique ?

Le fromage de Hollande renferme des vers qui ont une cuirasse et un casque ; le brie, un ver blanc à huppe noire qui s'étire paresseusement avec des langueurs d'odalisque. Le roquefort, lui, donne le jour à une race supérieure, forte, remuante, pleine de vitalité.

Edgard Poë écouta.

— Que sommes-nous ? demandait un orateur dans une assemblée. Qui nous a créés et mis dans ce fromage ? N'y a-t-il pas un esprit supérieur auquel nous devons tout, un grand régulateur de nos destinées ? Tous ces autres mondes que nous apercevons d'ici, l'étoile de Brie, les planètes de Pont-l'Evêque, les mondes rouges qui forment la constellation de Hollande sortent des main du même Dieu. La science se demande si ces planètes sont habitées. Elles le sont évidemment, comme le roquefort qui nous a vu naître. Il est douteux cependant que la civilisation y soit arrivée au même degré. L'analyse des bribes, détachées des étagères supérieures, et que nous nommons aérolithes, prouve que la base de toutes les planètes est la même : caséine, albumine, beurre, lactose, sels divers et eau. Seulement, la condensation et fermentation du roquefort doivent produire une race plus forte et par conséquent plus éclairée que les races qui habitent les autres mondes...

Edgard Poë, édifié sur l'état des esprits dans le roquefort, voulut savoir ce qu'on pensait dans le gruyère.

L'idée religieuse y était aussi développée que dans le roquefort.

Un prédicateur s'écriait : « Il ne faut qu'ouvrir les yeux et avoir le cœur libre pour apercevoir sans raisonnement la puissance et la sagesse de Dieu, qui éclate dans son ouvrage. Est-il possible de croire que c'est le hasard qui a disposé pour notre commodité ces milliers de cellules où nos familles peuvent se mouvoir à l'aise ? ces conduits souterrains qui nous facilitent le passage du Nord au Midi, de l'Est à l'Ouest ? cette rosée délicieuse que nous trouvons emmagasinée dans les citernes qui nous entourent ? Il y a là un ordre, un arrangement, une industrie, un dessein suivi. Je soutiens que le hasard, c'est-à-dire le concours aveugle et fortuit des causes nécessaires et privées de raison, ne peut avoir formé ce tout. »

Dans un vieux marolles, dont s'approcha Poë en quittant le gruyère, une assemblée de vers notables discutait de l'immortalité de l'âme. Ces acarus ne pouvaient croire que tout fût fini avec la mort. « L'esprit qui est en nous, disait l'un d'eux, s'élance dans l'infini et se rapproche de la divinité dont il émane. »

Poë faisait lentement le tour de la boutique. Il s'arrêta devant un camembert où le peuple venait de proclamer la République ; il s'intéressa vivement aux discussions qui avaient lieu dans un coulommiers où la noblesse tenait le gouvernement d'une main ferme. Il s'y trouvait une famille très-respectée qui se vantait de remonter à Larve 1ere, reine et civilisatrice de leur planète. Après cette princesse, vénérée à l'égal d'une divinité, on gardait un souvenir reconnaissant à Bombyx IV, qui avait dit : « Je voudrais que tous mes sujets pussent mettre la croûte au pot le dimanche !

Puis, l'Américain regagna sa couchette et s'endormit d'un profond sommeil.

Le lendemain matin, avant de se rendre à l'ambassade des Etats-Unis pour y recevoir les secours de route, Poë revint à la crèmerie, où on lui servit un bouillon.

A la table voisine se trouvait un jeune prêtre qui faisait un repas frugal.

— Monsieur, lui demanda Poë, que pensez-vous du matérialisme ?

L'abbé répondit :

— Qu'il est l'équivalent de l'athéisme.

— Croyez-vous à la liberté d'action ou à la nécessité ?

— Le fatalisme est une hérésie.

— Ainsi, vous admettez une âme immatérielle, un Dieu tout-puissant et la liberté des actions humaines, et vous regardez comme athées les matérialistes et les nécessitariens ?

— Assurément.

Poë se recueillit un instant.

— Croyez-vous, reprit-il, que deux esprits ou deux âmes puissent occuper la même place ?

— Je ne puis me figurer l'âme occupant un espace déterminé, comme si elle était substance matérielle.

— Sans doute. Mais ne convenez-vous pas que la matière et l'esprit peuvent exister simultanément dans la même place ?

— Oui.

— Si la matière et l'esprit sont dans la même place, il résulte de là que l'esprit occupe une place. Assurément, il n'exclut pas la matière, mais il a, comme elle et avec elle, son habitation fixe, son étendue par conséquent.

— L'âme n'a ni forme ni étendue.

— Permettez. Ai-je une âme ?

— Je le suppose.

— Croyez-vous que mon âme soit ici ?

— Certainement.

— Et où sommes-nous ?

— A Paris.

— Mon âme n'est donc ni à Londres ni à Calcutta ?

— Evidemment.

— Il y a donc une place où mon âme se trouve et une autre où elle n'est pas ?

— Comment en douter ?

— S'il y a une place où mon âme se trouve et une autre place où elle ne se trouve pas, on peut concevoir et tracer par la pensée une ligne de démarcation. Dans ce cas, vous donnez, contre votre propre opinion, une étendue et par conséquent une forme à l'âme. Si mon âme est en Europe, elle n'est pas en Asie. Si elle est à l'Est, elle n'est pas à l'Ouest.

— Où voulez-vous en venir ?

— A ceci. Comment concevez-vous Dieu ?

— Comme un esprit remplissant l'immensité de sa présence.

— Vous croyez que Dieu est partout et qu'il est éternel ?

— Je n'en doute pas.

— Et concevez-vous la possibilité de l'existence simultanée de deux âmes universelles et omniprésentes ?

— Dieu, grande âme universelle, exclut toute idée semblable.

— Vous avez été forcé de convenir que l'âme humaine était quelque part, occupait une portion de l'espace. Pensez-vous que, si l'âme universelle occupe tout l'espace, il y ait encore place à côté d'elle pour une autre âme ?

— Cela serait absurde.

— Il est donc évident qu'un esprit ne peut être là ou un autre esprit se trouve déjà. Quelle place trouverez-vous pour les âmes partielles ? En admettant des âmes partielles, ne détruisez-vous pas l'omni-présence de la divinité ? Si l'âme universelle est partout, quelle place laisserez-vous aux autres esprits immatériels ? Si elle n'est pas partout, elle n'est plus universelle. Je soutiens donc que le matérialisme est la seule doctrine compatible avec la croyance en un Dieu omniprésent, âme universelle et éternelle !

— Sans me convaincre, votre argumentation me surprend et m'intéresse.

— Dieu, selon vous, est tout-puissant ?

— Oui, mais l'homme est libre.

— Qu'entendez-vous par toute-puissance ?

— Un pouvoir supérieur à tout autre pouvoir.

— Si Dieu est tout-puissant, il n'y a pas d'autre puissance que la sienne ?

— Tout pouvoir émane de lui.

— En communiquant ce pouvoir, perd-il une partie de ce qu'il communique ?

— Non.

— Crée-t-il un pouvoir nouveau ?

— Non.

— La volonté de l'homme est donc sous la dépendance de Dieu ? Et, dans ce cas, vous n'êtes pas la cause de vos propres actions.

Là-dessus, Poë se leva.

— Vous partez, Monsieur ?

— Pour ne jamais revenir, probablement.

— Et vous allez ?

— En Amérique, où je suis né.

— Puis-je savoir votre nom ?

— Edgar Allan-Poë, mathématicien.

— Bon voyage, Monsieur.

— Mais puisque vous savez mon nom, je serais bien aise de connaître le vôtre.

— L'abbé de Lamennais.

UN MARI COLLANT

ou

LA RELIGION DU SOUVENIR

Il y eut une grande poussée de curieux aux abords de l'église, le jour où M. Léopold Dambrichet épousa Mlle Christine Draawig.

Depuis plusieurs semaines, tout Poitiers s'occupait de ce mariage. — Elle ne veut pas de lui, disaient les uns, elle ne fait que pleurer. — Oh ! sa mère la forcera bien à épouser Dambrichet, disaient les autres, il est si riche ! — Donner cette adorable jeune fille à un homme comme celui-là, c'est un meurtre ! — Oui, mais elle aura des bijoux, des toilettes, des voitures, hôtel à la ville, château au bord de la Vienne ou du Clain !...

Et tous les jeunes gens soupiraient et se sentaient le cœur serré en voyant approcher le moment où Mlle Draawig cesserait d'être pour eux comme une apparition de l'idéale beauté et ne serait plus qu'une femme mariée — comme les autres.

M. Draawig, son père, après avoir occupé pendant plusieurs années les fonctions de consul de Norvège à Bordeaux s'était retiré avec sa femme, sa fille et deux fils, à Poitiers, où la vie est moins coûteuse que dans la grande cité girondine.

M. Draawig était mort, laissant à sa famille dix ou douze mille francs de rente, c'est-à-dire le strict nécessaire.

Les garçons se débrouillent toujours. Christine était la seule préoccupation de Mme Draawig.

A seize ans, la jeune fille était déjà faite, semblait être une de ces blondes et mystérieuses divinités de la mythologie scandinave. Un peu trop grande peut-être, elle dominait les demoiselles de Poitiers par la taille comme elle les éclipsait par sa beauté. Nulle ne pouvait paraître jolie à côté d'elle.

Christine était à la fois l'ondine du Rhin et le sylphe d'Arendal. Des sourcils noirs au-dessus de deux yeux bleus comme le ciel de Smyrne, des cheveux vieil or qu'on eût dit poudrés de cendres de perles, une voix jeune et caressante qui avait la douceur des harpes éoliennes.

Léopold Dambrichet n'était ni beau ni laid. Le teint coloré, le nez un peu grand et légèrement de travers, de taille moyenne, se dandinant en marchant, grand amateur de chapeaux mous et de chemises de couleur, fumant la pipe au café et au cercle ; somme toute, un type moyen de richard de province. Très bon, très charitable, doué d'une dose suffisante de bon sens, il eût fait le bonheur d'une femme qui aurait partagé ses goûts. Mais, la première fois qu'il aperçut Christine Draawig, Léopold Dambrichet éprouva un tel trouble qu'il ne put dormir la nuit. Le lendemain était un dimanche : il alla à la messe et, tant que dura le service divin, ses yeux restèrent attachés sur cette étrange fille du Nord qui avait reçu, dès le berceau, les baisers du soleil de Gascogne.

Dambrichet avait quinze ans de plus que Mlle Draawig, mais sa fortune était de plusieurs millions. Le père Dambrichet avait été l'un des plus grands propriétaires du Département, et Léopold avait doublé sa fortune par des constructions sur des terrains autrefois sans valeur et plus tard annexés à la ville.

Mme Draawig représenta à sa fille tous les avantages de cette union. C'était la fortune pour toute la famille ; ses frères trouveraient des emplois dans les relations de M. Dambrichet, elle-même aurait une vieillesse heureuse.

A l'époque où nous vivons, la beauté n'est qu'un avantage secondaire. C'est du côté de M. Dambrichet qu'était le sacrifice.

Enfin, le mariage fut décidé.

Quand on signa le contrat, Mme Draawig déposa sur la table traditionnelle trente mille fr. — la dot de sa fille. Dambrichet prit la liasse et la remit à sa belle-mère en la priant d'accepter cette somme pour ses deux fils. Et ce ne fut pas sans attendrissement que Mme Draawig entendit le passage du contrat par lequel M. Dambrichet reconnaissait un million à sa femme.

A l'église, on remarqua que Mlle Christine Draawig avait les yeux rouges, et on en conclut qu'elle avait passé la nuit à pleurer.

Pendant trois ans, le ménage Dambrichet fut un ménage comme les autres. Deux mois à Paris, trois mois à la campagne, le reste du temps à Poitiers. Un jour de réception par semaine ; quatre bals par hiver, la grande vie de province.

Pas d'enfant, c'était le grand chagrin de Léopold, qui, peu à peu, avait repris ses anciennes habitudes de cercle et de café. Il aimait à causer avec les cultivateurs, avec les marchands de bœufs. Le monde lui portait sur les nerfs.

Mme Dambrichet se rendait seule au bal chez le receveur général, chez le préfet. Léopold allait l'attendre à la porte. Puis il se lassa de faire les cent pas dans la rue et ce fut le cocher qui attendit Madame.

Enfin, un bruit sourd circula dans la ville. On disait tout bas que Mme Dambrichet avait un amant.

Un jeune Parisien, le baron de ***, montait à cheval avec elle tous les matins. Deux ou trois officiers étaient, il est vrai, de la partie, mais le baron passait des après-midi tout entières à l'hôtel Dambrichet.

Puis, le baron repartit.

Ce fut alors un lieutenant de chasseurs, qui venait de Saint-Maixent à Poitiers pour voir Mme Dambrichet.

Et Léopold était toujours au cercle ou au Café du Commerce.

Christine finit par s'afficher avec un jeune homme qui était venu se fixer à Poitiers, où une tante lui avait laissé une petite maison et quelques hectares de terre, à peine deux mille francs de rente. Il se nommait Gustave de Périgny. Officier démissionnaire, il avait vécu dans un certain monde et, à l'assurance du militaire il joignait certaines traditions de la bonne société.

Comment arrivait-il à dépenser vingt mille fr. par an? C'était un mystère. Les uns disaient qu'il trichait au jeu, les autres, que Mme Dambrichet avait vendu une partie de ses bijoux pour fournir au luxe de son amant.

Un matin, tout à coup, on apprit qu'elle était morte des suites d'un refroidissement. Morte à vingt-huit ans, emporté en une nuit.

Dambrichet fut attérré. Il voulut suivre le cercueil de sa femme ; deux amis le soutenaient par les bras, et c'est à peine s'il pouvait mettre un pied devant l'autre. Jamais on ne vit une image plus complète de la douleur dans toute son épouvante.

Six mois se passèrent.

Un jour, Dambrichet se rendit chez Gustave de Périgny.

— Je ne vis plus, lui dit-il, je passe les journées et les nuits à regarder, à toucher les objets qui lui appartenaient. Il y a un tiroir de son armoire à glace qui a conservé son odeur ; je ne l'ouvre que le dimanche ; je ferme les yeux... et *je la respire !*...

Périgny, très embarrassé, balbutiait quelques paroles de consolation.

— Je vous en prie, reprit Dambrichet, venez dîner avec moi.

— Mais, mon cher ami...

— Ne me refusez pas, la solitude me tue.

Et il emmena Périgny.

Après le dîner, ils étaient assis tous deux sur la terrasse, devant le salon, regardant les arbres, le gazon, les fleurs.

— J'ai trouvé toutes vos lettres, dit alors Dambrichet, et aussi un album sur lequel Christine notait ses impressions...

Périgny avait tressailli.

— Oh! je vous pardonne à tous deux! continua Dambrichet avec tristesse. J'étais souvent absent, je l'abandonnais, n'aimant pas le monde. J'ai lu ce qu'elle pensait de vous... Elle vous aimait de toute son âme !

— Si vous saviez, dit Périgny, par quel concours de circonstances... Il n'y a eu de la faute de personne...

— Dites-moi... c'est dans ce salon, n'est-ce pas, qu'elle s'est donnée à vous pour la première fois ?

— Mais...

— Oh! je vous en prie, dites-moi tout... où était-elle assise ?

— Là... sur ce divan.

— Et alors ?

— Je m'étais rapproché d'elle, en causant... Je pris sa main qu'elle abandonna. Voyant qu'elle ne me repoussait pas, je me laissai tomber à ses genoux...

— Oui... oui... murmura Dambrichet.

Et il reprit :

— Elle devait être bien belle ! car elle ne s'est jamais donnée à moi qu'à contre-cœur, presque avec répugnance... Qu'elle devait être belle avec quelqu'un qu'elle aimait !

Il y eut un moment de silence.

— Voyons, reprit Dambrichet, dans quelques semaines c'est l'ouverture de la chasse ; venez passer la saison avec moi au château !

— Mais, mon cher monsieur Dambrichet...

— Et vous devez être gêné ? Eh bien ! je ne puis plus gérer mes propriétés... je n'ai plus la tête à moi, j'ai besoin de quelqu'un... Vous aurez vingt mille francs par an pour diriger mes affaires... C'est dit, nous partons demain.

— Mais y songez-vous ?...

— Je vous en prie, ne me refusez pas, s'écria Dambrichet en versant des larmes.

Et se jetant au cou de Périgny, il ajouta en le serrant dans ses bras :

— Je ne veux pas que vous me quittiez... Vous êtes *tout ce qui me reste d'elle !*

LA FLÈCHE D'OR

Qui ne se rappelle la *Messe de l'athée*, cette page qui a l'air d'un béquet dans l'œuvre de Balzac ? Le docteur Bianchon surprend son ancien maître Desplein assistant en cachette à la messe. Or, Desplein était un apôtre du matérialisme le plus absolu. « Pour lui, dit Balzac, l'atmosphère terrestre était un sac générateur ; il voyait la terre comme un œuf dans sa coque. Il ne croyait ni en l'animal antérieur, ni en l'esprit postérieur à l'homme. Desplein n'était pas dans le doute : il affirmait. Cette opinion ne devait pas être autrement chez un homme habitué depuis son jeune âge à disséquer l'être par excellence, avant, pendant et après la vie, à le fouiller dans tous ses appareils sans y trouver l'âme unique, si nécessaire aux théories religieuses.

— Me direz-vous, mon cher, dit Bianchon à Desplein, la raison de votre capucinade ?

Et Desplein raconte à son élève l'histoire de sa jeunesse. Pauvre jusqu'au dénûment, sans famille, sans ressources, sans espoir, il s'est rencontré avec un Auvergnat, un porteur d'eau nommé Bourgeat. L'homme du peuple, simple, naïf, sans instruction, comprend que l'autre avait une mission. Il sacrifie ses économies pour lui fournir l'argent nécessaire à ses examens ; il lui prête de l'argent pour acheter des livres ; il le nourrit, le sert, devient à la fois pour lui un père et un domestique. Il meurt enfin sans avoir eu la joie de contempler son ouvrage achevé ; il meurt avant que Desplein fût devenu l'illustre chirurgien, le savant admiré de sa génération.

Or, cet Auvergnat avait la foi du charbonnier ; il aimait la sainte Vierge, le petit Jésus, les saints. Il était convaincu qu'il y avait quelque part, dans le ciel, un palais des Tuileries où vivait la famille divine avec les anges pour cent-gardes et saint Pierre pour concierge.

Bourgeat avait timidement parlé de messes pour le repos des morts. Et, comme la seule chose que Desplein pût lui offrir était la satisfaction de ses pieux désirs, le célèbre professeur faisait dire à Saint-Sulpice quatre messes par an. Il y assistait, disant avec la bonne foi du douteur : « Mon Dieu, s'il est une sphère où tu mettes après leur mort ceux qui ont été parfaits, pense à Bourgeat ! »

Bianchon, qui soigna Desplein dans sa dernière maladie, n'ose pas affirmer que l'illustre chirurgien soit mort athée.

J'ai relu dernièrement cette histoire en sortant de chez l'un des hommes les plus instruits de notre époque, un philosophe, un professeur, qui a été l'ami de Littré et de Claude Bernard.

Comme il m'avait laissé quelques instants dans une pièce attenante à son cabinet de travail, je feuilletais les épreuves d'un de ses premiers ouvrages, dont l'éditeur prépare une nouvelle édition.

Le chapitre V est intitulé : « La nature de l'âme. Doctrine de l'émanation et de l'absorption. »

X..., rentrant, me surprit au milieu de ma lecture.

— Vous connaissez, me dit-il, avec un sourire qui présageait une confidence, vous connaissez la plupart de mes ouvrages !

— Je les connais tous, répondis-je.

— Eh bien, continua-t-il en s'asseyant, la nature humaine est si faible, si accessible aux faits extérieurs, qu'une impression forte reçue dans le premier âge peut s'imposer à l'homme jusqu'à la fin de sa vie sans que l'étude et le raisonnement triomphent jamais même d'une absurbité. Notre élévation, intellectuelle et morale ne nous soustrait point aux opérations naturelles de notre organisme, pas plus que notre perfectionnement matériel ne nous soustrait à la maladie et à l'infirmité. Sauvages ou civilisés, nous portons avec nous un mécanisme qui nous montre le souvenir ou l'image de ce que nous avons éprouvé d'important dans notre vie. Ce mécanisme ne respecte personne. Les plus orgueilleux sont contraints de subir les avertissements qu'il leur donne. Ce mécanisme, puisant sa force dans ce qui nous paraîtrait la source la plus invraisemblable, nous conduit insensiblement à une croyance, au moyen de fantômes dès longtemps évanouis !

Ce professeur de matérialisme, cet athée célèbre, cet auteur mis à l'index, excommunié, frappa de la main sur la table qui se trouvait auprès de lui.

— Regardez-moi bien, me dit-il, je ne suis pas fou. Vous avez lu mon ouvrage sur l'indestructibilité de la matière et de la force ?

— Oui.

— Vous connaissez mon étude du système d'Averroës ?

— Oui.

— Eh bien ! mon cher ami, le soir, quand je suis seul, assis ou couché ; quand la lumière est éteinte, quand j'ai perdu le souvenir de ma bibliothèque... il me prend une soif inexplicable de mystérieux et il me semble que je sens un Dieu !

— Comment expliquez-vous cette contradiction de vos œuvres avec votre croyance intime ?

— Ce n'est pas une croyance, c'est une superstition, un rêve, une folie, une vision qui, précisément, se rattache à ce mécanisme dont je vous parlais tout à l'heure...

X... passa la main sur son front et reprit :

— Mon père, vous le savez, était percepteur dans une petite ville du centre.

La maison où je suis né avait un grand jardin où je passais une partie de mes journées à jouer avec mes sœurs. Quand Mathilde, l'aînée, fut mise en pension, je restai avec la petite Berthe, de deux ans moins âgée que moi. Notre dialogue commençait à sept heures du matin pour ne s'arrêter qu'à huit heures du soir, quand la voix de notre mère se faisait entendre pour dire : Allons, mes enfants, il est temps de se coucher !

Alors, j'embrassais Berthe sur les deux joues, puis elle m'embraissait à son tour. Ne pouvant me résigner à la quitter, je disais : Encore ! et je recommençais. Puis elle reprenait : A moi, maintenant ! Il fallait nous arracher des bras l'un de l'autre.

Cette petite sœur était tout pour moi. Il me semblait que je ne vivais que par elle. Le matin, on nous habillait séparément, elle dans la chambre qu'elle partageait avec notre aînée, moi dans un cabinet où je couchais à côté de la chambre de notre mère.

Et comme les portes restaient ouvertes, je criais : Berthe, es-tu prête ?

— Tout à l'heure, répondait-elle. On me passe mon jupon. Et toi ?

— Moi, je n'ai plus que ma veste à mettre.

— Il fait très-beau, ce matin.

— Dépêche-toi, nous irons dans la charmille.

On faisait le panier de Mathilde. Un morceau de viande froide et quelques fruits pour son déjeuner. Puis nous allions l'accompagner jusqu'à la porte et la bonne la conduisait à sa pension.

Alors seulement commençait notre journée. Berthe et moi, nous faisions un bouquet pour maman ; nous allions cueillir des fraises ou des groseilles, des raisins ou des pêches, suivant les ordres reçus.

Une fois ce devoir accompli, les jeux commençaient. Les voisins nous faisaient de nombreux cadeaux à l'époque du jour de l'an ; aussi, avions-nous toute sorte d'amusements ; cordes à sauter, raquettes et volants, toupies, bilboquets, ballons de toutes les dimensions et même une boîte à couleurs pour les jours de pluies.

Nous savions diviser et varier nos plaisirs, tantôt assis sur un banc de bois peint en vert qu'ombrageait un épais feuillage. Là, les poupées de Berthe s'exprimaient, par sa bouche, comme des personnes naturelles, auxquelles répondaient avec à-propos mon polichinelle, mon pantin ou mes soldats de bois, moustachus comme des Brésiliens et raides comme la discipline.

Un jour, Berthe tomba malade. Elle avait une méningite. A peine me laissait-on entrer dans sa chambre une fois par jour l'embrasser. Elle était brûlante et appuyait péniblement ses lèvres sur ma joue ; après quoi, elle se tournait avec un petit soupir.

Je sortais le cœur gros et les yeux mouillés de larmes.

— Quand sera-t-elle guérie ? demandais-je.

— Bientôt, mon ami, bientôt.

Oh ! que les journées, alors, me parurent longues ! Je les passais presque entièrement assis sur une marche de la porte d'entrée, ne sachant que faire ni que devenir.

Puis, on m'interdit même l'entrée de la chambre... et, un jour, je vis « maman » se jeter en sanglotant dans les bras de mon père. Celui-ci la serrait sur son cœur ; il semblait respirer péniblement, sa poitrine avait des soubresauts et de grosses larmes coulaient sur son visage.

— Que se passait-il donc ? J'entendis une des servantes dire à la voisine : « Mlle Berthe est morte... »

Morte ? qu'est-ce que c'est que cela d'être morte ? pensais-je.

Je demandai à ma pauvre mère :

— Berthe reviendra, n'est-ce pas ?

Et ma mère ne me répondit point.

Le soir, après avoir longuement réfléchi, je résolus de revoir ma petite sœur. Ce projet m'avait absorbé toute la journée et j'avais fait mon plan. Je pensais qu'à l'heure du dîner des domestiques je pourrais me glisser jusque dans la chambre mortuaire.

Il devait être six heures du soir quand, sur la pointe des pieds, j'arrivai devant la porte. J'ouvris tout doucement. C'était à la fin du mois d'août ; le soleil avait tourné la maison, mais il faisait encore jour. On avait laissé la fenêtre ouverte ; pas un nuage au ciel, un bleu pâle, profond, l'image de l'infini.

Mes yeux allèrent droit au lit. Berthe était là, immobile, blanche comme le marbre. C'était bien encore le visage bien-aimé, mais qu'il me parut changé ! La nuit était tombée sur ces yeux naguère si pleins de vie et d'éclat. Les mains étaient jointes, comme pétrifiées. Un petit christ d'ivoire sur une croix d'ébène avait été placé sur la poitrine... Alors, je me penchai sur le cadavre et j'appuyai en pleurant mes lèvres sur le front glacé de ma petite Berthe...

Je ne sais quelle intuition m'avait élargi le cœur et le cerveau. Je comprenais...

Tout à coup... oh ! j'en suis sûr !... quand, dans l'égarement de ma douleur, je posais comme un fou mes lèvres sur ses lèvres, il me sembla voir s'élancer une petite flèche de feu, bleu et or, mais d'une telle ténuité qu'on eût dit un brin de fil tissé d'un feu follet...

Mon cœur d'enfant se souleva, comme porté par une vague, pour s'élancer à la poursuite éternelle de cette flèche. Mais la flèche disparut dans le ciel et je la suivis longtemps des yeux par la fenêtre ouverte...

Le professeur me regarda d'un air presque anxieux.

— Il y a de cela quarante-neuf ans, dit-il. Eh bien ! quand j'ai fini mes travaux, quand je me sens loin du monde, quand ma solitude est complète, absolue, je revois la petite flèche d'or qui s'envolait des lèvres de la morte... Et il me prend une soif d'au delà... un besoin de me cramponner à une corde qui tomberait du ciel... Je regarde en haut par la fenêtre, dans le creux...

et bêtement, malgré moi, tandis que je me ris au nez et que j'ai honte de ma faiblesse, j'éprouve une fascination... je vois les tombeaux s'ouvrir... et furieux contre moi-même, je déchire mes livres et mes manuscrits !

LOIN DES YEUX, LOIN DU CŒUR

Fatiguée de la traversée, qui avait été houleuse, la baronne de l'Ile d'Aile, au lieu de continuer son voyage sur Paris, résolut de passer la journée à Boulogne et fit conduire ses bagages à l'hôtel Bristol. On lui donna une chambre au premier étage. La baronne mit le verrou, ouvrit sa grande caisse, en tira ses éponges et sa boîte de parfumeries ; puis après s'être déshabillée un peu à la hâte, elle procéda aux soins de sa toilette.

Très-jolie, la petite baronne. Elle venait de passer quinze jours en Ecosse, chez lady P..., sa grande amie, et, debout au milieu de son *tub*, d'où s'exhalaient des odeurs de verveine, elle songeait que le dixième mois de son veuvage était terminé. Le baron gentilhomme vendéen, qu'elle avait épousé comme voisin de campagne, et comme le seul homme titré qui se trouvât aux environs, le baron avait rendu sa belle âme à Dieu qui, sans doute, lui réservait une place distinguée dans le paradis des alcoolisés...

On causait dans la pièce voisine.

Les chambres d'hôtel communiquent toujours entre elles par des portes qui restent ouvertes pour recevoir les familles et qu'on ferme au verrou pour les voyageurs isolés.

Deux voix d'hommes, et d'hommes jeunes, — une femme ne s'y trompe pas.

— Rien au monde, disait l'un, n'égale la femme un peu grasse. Ses formes s'arrondissent sous d'harmonieux contours; chez elle, rien de heurté, point de lignes brisées, partout ces courbes qui sont l'idéal de l'artiste. Puis, l'éclat de la santé, l'embonpoint, la fraîcheur répandent autour d'elle une sorte de sérénité où l'esprit se repose.

— Allons donc! reprenait l'autre, rien n'est comparable à la femme un peu maigre. La distinction des formes, la finesse des attaches, la pureté des lignes, ne se perdent pas dans les contours épais de la chair. Tout est vie et force en elle. Ces natures grêles sont ainsi faites parce qu'elles sentent vivement. Laissons l'Oriental qui enferme la femme dans un sérail, le sauvage qui en fait une bête de somme, laissons-les aimer la chair là où ils ne recherchent pas l'esprit. Mais nous qui voulons une égale, une amie, une compagne, ne craignons pas que l'ardeur du sentiment, l'activité de la pensée, n'aient usé chez elle les couches grossières des tissus graisseux.

La baronne de l'Ile d'Aile était restée l'éponge en suspens, et, tout bas, elle chantonna comme Marguerite !

Je voudrais bien savoir quel était ce jeune homme.

Il y eut un silence.

— Crois-tu, reprit le premier causeur, qu'on puisse devenir amoureux d'une femme par ouï-dire, ou par correspondance, par une idée générale qu'on se fait de sa personne ?

— Je ne crois pas, répondit l'ami. Quel que soit l'objet inconnu qui inspire une passion imaginaire, le rêve doit être suivi d'une déception. On s'est toujours figuré autre chose que ce qu'on trouve. Si la femme ainsi entrevue est vraiment belle, on lui a supposé un autre son de voix, d'autres allures ; si elle n'est pas jolie, la désillusion est complète.

— Tu ne crois pas aux âmes sœurs ?

— Elles existent peut-être. Mais comment trouver sa sœur entre cent millions de femmes, quand un problème bien simple n'a jamais pu être résolu ; Etant donné qu'on cherche en Auvergne un nommé Jean, mettre la main sur le *Jean* demandé, parmi vingt mille autres *Jean* ?

— Si ces messieurs sont prêts, la voiture est en bas, dit un garçon d'hôtel.

— Les effets sont chargés ?

— Oui, messieurs.

— Nous descendons.

La baronne passa un peignoir à la hâte. Elle vit une voiture s'éloigner, et tira violemment le cordon de la sonnette.

— Que désire Madame ? demanda le garçon.

— Savoir le nom d'un de ces messieurs qui partent... celui dont le prénom est Edmond.

— Voici son adresse, dit le garçon. Il l'a laissée pour qu'on lui envoyât ses lettres.

La petite baronne lut : « Edmond de Garches, château d'Ambarès, Gironde. »

Le lendemain, M. Edmond de Garches reçut une lettre d'une écriture inconnue :

« Monsieur,

» Le hasard m'a placée un instant près de vous, et cet instant a suffi pour exciter au plus haut point ma curiosité féminine. Je revenais de Folkestone et je me trouvais à l'hôtel Bristol au moment où, séparé de moi par l'épaisseur d'une porte, vous émettiez l'opinion qu'on peut s'aimer sans s'être vus. Voulez-vous que nous tentions l'expérience ?

» J'ai vingt-huit ans. Je passe pour jolie. Ma taille est moyenne, plutôt grande. Je ne suis ni grasse ni maigre.

» Les yeux et les cheveux noirs. Les dents au complet. La bouche petite avec un petit pli à droite quand je m'anime. Il y a des gens à qui ce défaut ne déplaît pas.

» Je suis veuve d'un mari insignifiant. Mes parents me l'ont donné, il m'a prise. Je vous jure que, en marchant à l'autel, j'ignorais absolument ce qu'était le mariage. Le soir de mes noces, mon mari était ivre. J'ai pensé qu'il fallait lui obéir tout de même. En dix mois, il m'a possédée quatre-vingt-cinq fois. C'est une phthisie galopante qui l'a emporté. Un refroidissement à la suite d'une chasse aux canards. J'ai pleuré parce que c'est toujours une chose triste qu'un cercueil dans une maison. Puis, la mort d'un homme que l'on n'aime pas vous fait penser à la mort d'un homme que l'on aimerait...

» Quoique ayant été mariée, je suis vierge de cœur.

» Si vous voulez faire une expérience qui me tente, présentez-vous par lettre, comme je viens de vous en donner l'exemple ; soyons confidents l'un de l'autre ; dites-moi qui vous aimez, et au hasard, à l'aveuglette, nous arriverons peut-être à une bonne et solide amitié. Portera-t-elle quelque fruit ? Sera-t-elle stérile ? C'est ce que je suis curieuse de voir.

» Si vous acceptez, répondez à

» CLIO, poste restante,

« *Place de la Madeleine (Paris).* »

» Madame,

» Votre proposition est certainement originale et ne peut manquer de séduire un homme jeune encore — trente-cinq ans depuis hier — qu'un enchaînement de circonstances condamne à passer cinq ou six mois à la campagne.

» Mon frère, officier dans l'infanterie de marine, est mort il y a quelques semaines au Tonkin, et je crois de mon devoir de me fixer pour quelque temps auprès de notre mère désolée.

» Personne à voir. Le notaire n'est pas causeur, le médecin est toujours en courses, le curé ne connaît pas le whist. Célibataire endurci, j'ai passé l'âge où les gardeuses de moutons et les filles de ferme excitent les ardeurs d'un sang qui demande à faire ses preuves.

» Comme vous, je n'ai jamais aimé. Cinq ou six douzaines de femmes de théâtre ont laissé mon cœur dans le même état que le vôtre. Elles représentent la monnaie de votre défunt époux. Je dois cependant à la vérité de déclarer qu'elles m'ont possédé plus souvent que n'a usé de ses droits le gentilhomme vendéen dont vous dissimulez le nom sous le pseudonyme de Clio et qui a bien mal profité des circonstances de famille qui vous avaient livrée à lui.

» Donc, j'accepte votre proposition. Ecrivez-moi ; je répondrai.

» Edmond. »

M. de Garches, à Ambarès.

« Le ton de votre lettre m'a déplu. Vous avez l'air de me prendre pour une coureuse d'aventures, quand je ne cherche qu'à m'instruire. Le marivaudage que je vous ai proposé pour voir où il nous mènerait est absolument sans conséquences probables. Je vous prie donc de me traiter en femme du monde et de m'épargner des confidences par trop vulgaires.

» Les filles de ferme ont du bon, disait mon mari, qui savait à quoi s'en tenir. En tout cas, votre dédain pour des charmes qui appellent vainement le savon ne suffirait pas à me donner une haute idée de votre délicatesse.

» Pour éviter désormais des digressions de ce genre, je procède par questions :

» Y a-t-il une bibliothèque au château d'Ambarès ?

» Aimez-vous la lecture?

» Quels sont vos auteurs préférés?

» Comment passez-vous le temps?

» CLIO. »

Madame,

» Je n'aime que trois ouvrages au monde, et je les relis constamment : *Manon Lescaut*, le *Rouge et le Noir*, les *Mémoires de Casanova*.

» Je monte à cheval le matin.

» Après déjeuner, je détache une yole; et tenant d'une main l'amarre de la voile, le gouvernail de l'autre, je vais de Blaye à Pauillac et de Pauillac à Blaye.

» Le soir, je fais ma partie de billard avec deux ou trois propriétaires des environs. Après quoi je me couche en pensant que ma mère a bien tort de vouloir me faire épouser ma cousine Berthe de Lormière, qui sort du couvent des dames de la Providence, joue du piano, peint des natures mortes et me regarde avec des yeux ronds, toujours prêts à pleurer quand j'ai l'air de ne pas faire attention à la petite pensionnaire dont ils éclairent les joues pétries de sang et de lait.

» EDMOND. »

Cette correspondance dura trois mois, s'accentuant chaque jour davantage. La baronne de l'Ile d'Aile s'en était fait une douce habitude et le travail de cristallisation s'était opéré des deux côtés à la fois.

Cependant, la petite baronne avait cru s'apercevoir que la cousine Berthe prenait chaque jour plus de place dans les lettres de M. Edmond de Garches. Et, dans un moment de dépit, elle écrivit :

« Défiez-vous des surprises du cœur. Il me semble que, sans vous en douter peut-être, vous avez fini par regarder comme un dénouement naturel un mariage de raison avec la jeune pensionnaire qu'on a placée sous vos yeux dans l'espoir que le désir de lire dans les dessous vous viendrait tôt ou tard. Un chien attaché finit toujours par manger la pâtée qu'on a placée auprès de lui... »

Huit jours après, un jeune homme de haute mine se présentait chez Mme de l'Ile d'Aile.

— C'est moi, lui dit-il, en se jetant à ses pieds.

— Qui, vous ?

— Edmond de Garches.... qui vous aime, qui vous adore !

— Mais... vous avez à peine vingt-cinq ans... Vous m'avez trompée !...

— Pardonnez-moi. Je me suis un peu vieilli pour vous inspirer plus de confiance.

— Eh bien ! reprit coquettement la petite baronne, me suis-je flattée ? trouvez-vous que je réponde à l'idée que vous vous étiez faite de moi ?

Que se passa-t-il alors ? Je ne veux pas le savoir. Ce qui est certain, c'est que, trois jours après, Mme de l'Ile d'Aile reçut la lettre suivante :

« Madame,

» L'expérience est faite. Mon cousin Edmond renfermait vos lettres dans un tiroir de son bureau, tiroir qui s'ouvre — j'en ai fait l'expérience — avec la clé de mon armoire à glace. Intriguée de savoir quelle était la personne qui entretenait avec Edmond une correspondance aussi assidue, j'allai sur la pointe du pied ouvrir en tremblant le petit meuble... La lecture de vos lettres a vivement poussé mon éducation. C'est pourquoi j'ai chargé mon frère Rolland, sous-lieutenant de chasseurs, et un très mauvais sujet, paraît-il, d'aller voir de près, d'aussi près que possible, la charmante Parisienne dont l'influence retardait indéfiniment mon mariage. Rolland a eu l'indélicatesse de prendre le nom de M. de Garches, et grâce à ce subterfuge, il a pu presque immédiatement entrer dans vos bonnes grâces. S'il vous plaît de recommencer, il est tout à votre disposition. Quant à moi, je signerai, dans huit jours.

» Berthe de Garches. »

En lisant ces lignes, la petite baronne rougit jusqu'au blanc de sa collerette. Mais le mal était fait. Elle prendra un second mari par amour-propre et n'a que l'embarras du choix. Le petit sous-lieutenant n'aura été qu'un accident entre le mari d'hier et le mari de demain.

UNE NUIT D'AMOUR

Après la bataille de Magenta et le combat de Melegnano, les Autrichiens avaient précipité leur retraite derrière le Mincio, abandonnant les hauteurs qui forment au sud du lac de Garde une agglomération de mamelons escarpés. Il était évident que l'ennemi s'apprêtait à concentrer toute sa résistance sur le bord du fleuve, et l'armée franco-italienne reçut l'ordre d'occuper aussitôt les positions abandonnées. L'armée de Victor-Emmanuel dut se porter sur Pozzolengo ; le maréchal Baraguay d'Hilliers, avec le premier corps, sur Solferino ; Mac-Mahon, avec le deuxième corps, sur Cavriana ; le maréchal Canrobert, avec le troisième corps, sur Medole, et le général Niel, avec le quatrième corps, sur Guidizzolo. Regnault de Saint-Jean-d'Angély devait se diriger sur Castiglione, tandis que les deux divisions de cavalerie prenaient position au-dessus de Solferino.

Dans la nuit du 23 au 24 juin, les Autrichiens, reprenant l'offensive, franchirent le Mincio, et les deux armées marchaient sans le savoir au devant l'une de l'autre.

Sur la route de Mantoue, en avant de la ferme de Casa-Morino, un bataillon d'infanterie vint prendre position dans le petit village de Monte-Calvi. La chaleur était accablante, et, quand le détachement s'avança dans la rue tortueuse que bordaient les maisons pittoresques avec leurs murs peints à fresque et leurs terrasses étagées, où s'épanouissaient dans toute leur vigueur de grands cactus et des figuiers d'Arabie, le capitaine qui commandait le détachement sauta de son cheval en s'écriant avec dépit :

— Les habitants ont filé, c'est évident. Il nous faut pourtant du foin et de l'avoine pour nos chevaux... Frappez à toutes les portes et entrez, si l'on ne répond pas !

En un clin d'œil, les soldats se répandirent de tous côtés. Mais la population effrayée par la canonade, avait, la veille, évacué en masse le village menacé.

Deux ou trois puits fournirent l'eau nécessaire, et, quand les chevaux et les hommes furent désaltérés, le capitaine annonça qu'il attendrait désormais des ordres et ne se remettrait probablement en marche que le lendemain au lever du soleil.

On trouva quelques jambons dans une maison bourgeoise, un peu de farine de maïs chez quelques paysans. Une douzaine de lapins qui étaient restés fidèles au poste payèrent de la vie leur attachement au pays natal.

Le capitaine, avec les lieutenants, et un chirurgien militaire, s'installa dans une maison assez vaste qui semblait appartenir à des gens aisés. En effet, deux officiers, étant descendus à la cave, en rapportèrent plusieurs bouteilles de vin, en disant qu'il y avait en bas plusieurs barriques pleines jusqu'à la bonde. D'autres trouvèrent dans une pièce voûtée au fond de la cour des jambons, du lard et du porc salé. Sur une étagère s'alignaient une vingtaine de fromages, et en face une provision abondante de larges pains noirs, évidemment destinés à la provision des hommes de culture.

La table fut bientôt dressée et les officiers, l'appétit singulièrement aiguisé par une marche de trente-six kilomètres, se livrèrent à une véritable bombance. Le vin blanc coulait à flots.

Raymond Bertheux, le chirurgien, avait eu l'excellente idée de placer les bouteilles dans un panier et de les descendre au fond du puits, d'où elles étaient remontées rafraîchies en quelques minutes, et, la gaieté française aidant, le repas devint bientôt des plus animés.

— Capitaine Laurent, dit le chirurgien en piquant du bout de son couteau une tranche de jambon qu'il amena du milieu de la table jusqu'à son assiette, je ne sais si c'est demain que nous aurons des trous dans la peau, mais en attendant, bouchons toujours celui que nous avons dans l'estomac !

— Je pense, répondit le capitaine, qu'il nous faudra marcher au petit jour dans la direction de Solferino, où se trouvent les troupes sardes.

— Bonne nouvelle ! reprit le chirurgien, nous aurions ainsi sept ou huit heures de sommeil, ce qui n'est pas à dédaigner.

— Je crois bien, fit un petit lieutenant, il y a un mois que nous n'avons été à pareille fête.

— Qu'est-ce donc que ce petit vin blanc ? demanda le capitaine Laurent en faisant claquer sa langue sur son palais.

— Ce petit vin blanc, dit le chirurgien, est, si je ne me trompe, du vin d'Asti mousseux. Je le reconnais à ce goût de muscat qui flatte en même temps l'odorat et le palais. Cet autre vin, plus sérieux et que je vous recommande, ressemble singulièrement au vin de Sicile. Emplissez vos verres, Messieurs, et buvons un peu de ce volcan liquide !

Ce fut alors une suite de clameurs, de toasts et

de libations. Les jeunes gens, encore en sueur, avaient déboutonné leurs uniformes couverts de poussière. La nuit tombait. Une brise rafraîchissante s'engouffrait par les fenêtres laissées ouvertes.

— Messieurs, dit le capitaine, tâchez de trouver des matelas ou des bottes de paille. Nos forces sont à peu près réparées, quelques heures de sommeil vont achever de nous remettre en état.

La chambrée fut bientôt prête et tout le monde s'endormit, sauf le chirurgien Raymond Bertheux, qui se dirigea vers le vestibule en grommelant : il doit y avoir un lit dans cette maison !...

Le vin de Sicile commençait à faire son effet. Le jeune homme roulait comme un navire, il voyait les murs danser autour de lui et de temps en temps il faisait un faux pas, la tête en avant, comme si le sol s'était dérobé.

— Diable ! fit-il en ricanant, me voici dans un joli état pour un élève de la faculté.

Il saisit la rampe de bois de l'escalier, et se hélant lui-même, il gravit lourdement les degrés.

Au premier étage se trouvait un long corridor sur lequel ouvraient des chambres en désordre, à moitié déménagées. Les officiers avaient enlevé les matelas pour les descendre au rez-de-chaussée.

— Ils ont tout pris, murmura Bertheux, qui continua son inspection.

Au bout du corridor, il aperçut un petit escalier en spirale et s'y engagea bravement. Il avait à peine gravi la dernière marche qu'il aperçut une porte et, par le trou de la serrure, une lumière.

— Oh ! oh ! nous jouons à cache-cache ; fit-il en appuyant une main sur la porte, tandis qu'il abaissait son œil jusqu'à la serrure.

Il ne s'était pas trompé. Une bougie brûlait dans un chandelier placé sur une petite table, à côté d'un lit qui lui parut fort engageant.

Bertheux saisit une poignée, qu'il tourna, et la porte s'ouvrit sans résistance.

Il fit trois pas en avant et aperçut une jeune fille qui dormait paisiblement, et sans aucun souci de ce qui se passait autour d'elle.

Bertheux se pencha pour la mieux voir.

— Elle est divinement belle, murmura-t-il.

Et l'ivresse roulait des vagues rouges dans son cerveau. Il s'assit sur le bord du lit.

— Voyons, la belle, ouvrons ces jolis yeux !...

Et, lui soulevant les paupières, il s'extasia devant deux beaux yeux noirs qui le regardaient sans colère.

— Et moi qui cherchais un lit ? dit-il en riant d'un rire épais et satisfait. Tu vas me donner la moitié du tien, n'est-ce pas, mon ange ?

En deux enjambées, il traversa la chambre, referma la porte, poussa le verrou, puis jeta sa tunique sur une chaise, ses bottes à droite et à gauche. Une fois déshabillé, il souffla la bougie, se glissa dans le lit et, saisissant entre ses bras le corps jeune et souple de la belle Italienne, il appuya ses lèvres brûlantes sur les lèvres de la jeune fille.

La nuit fut courte. Aux premiers rayons du soleil, un roulement de tambour réveilla brusquement les hôtes de la ferme abandonnée. Le clairon sonna et, en une seconde, tout le monde fut debout.

Le chirurgien, encore alourdi par les fumées des vins d'Asti et de Sicile, se mit sur son séant, cherchant à rassembler ses idées.

Il entendit des voix qui appelaient : Bertheux ! Bertheux ! puis, de nouveau, le clairon et le tambour.

Tout à coup il se souvint et se frappa le front. Il s'habilla à la hâte et descendit l'escalier quatre à quatre, le cœur serré et sans regarder derrière lui.

En bas, la colonne était prête pour le départ. Quelques paysans arrivaient, les uns à pied, les autres sur des charrettes recouvertes d'une toile grossière, pour reprendre possession de leurs habitations.

Dans la salle basse, où les débris du festin de

la veille s'éparpillaient sur la table maculée, Bertheux aperçut un homme d'une cinquantaine d'années et une femme un peu moins âgée qui se dirigeaient vers le vestibule en pleurant à chaudes larmes.

— Qu'avez-vous donc à pleurer? demanda-t-il en italien. On vous payera votre vin et vos jambons...

— Oh! ce n'est pas cela, signor, répondit la femme en sanglotant, les Français sont les amis de l'Italie... Mais, quand les Autrichiens sont venus jusqu'ici, nous sommes partis à la hâte, comme tous les gens du pays... Seulement, ils ne quittaient que leurs maisons, et nous...

— Eh bien?

— Nous laissions en haut notre fille, qui est morte hier matin à dix heures !...

— En avant, marche ! commanda le capitaine.

Et le chirurgien, pâle, chancelant, épouvanté, rallia la petite troupe sans oser jeter un dernier regard sur la maison funèbre où il avait violé la mort !

THEATRE DE MADAME

Au temps où le Théâtre-Libre, qui nous donna des œuvres d'incontestable valeur, et, par-ci par-là, de cyniques fantaisies, genre cauchemar, où n'étaient respectés ni le français ni les Français, il y eut comme une angoisse parmi les directeurs des scènes classées. L'un des plus troublés fut Victor Koning. Le public acclamait *Serge Panine*, le *Maître de forges*, le *Bonheur conjugal*, *Belle-Maman*, et la jeune critique bafouait les auteurs et la direction qui s'attardaient en un genre *démodé*.

Koning prit son dépit à deux mains et fit annoncer de toutes parts que le Gymnase était désormais ouvert à la nouvelle école.

Les audacieux n'avaient qu'à sonner, le meilleur accueil leur était assuré. Les manuscrits affluèrent chez le concierge; deux lecteurs subventionnés passaient les nuits à chercher le chef-d'œuvre espéré, mais ils tournaient vainement les feuillets. Rien de possible. Le grotesque, l'insanité, une grossièreté recherchée, c'était tout ce que les méconnus trouvaient à opposer à Sardou, à Augier, à Feuillet.

— Vous ne pouvez, me dit Koning, vous faire une idée de ce qu'on m'envoie.

On dirait la collaboration de Casanova avec Cambronne. J'ai lu hier une comédie en un acte intitulée : *Rencontre*. La pièce se passe dans une maison Tellier de Nîmes ou de Perpignan. Au lever du rideau, ces dames sont au salon. Costumes primitifs. Un peignoir de satin bleu, rose, crème ou rouge, retenu par une simple agrafe sur la poitrine. Elles sortent de table et causent de leurs affaires en attendant les visiteurs.

Deux gonzesses font une partie de piquet sur un guéridon ; plus loin, une petite brune tire les cartes à une amie. Auprès de la fenêtre, Amanda fredonne la *Chanson des blés d'or*. Dans le coin, assise sur un pouf, Elisa lit le *Demi-Monde des jeunes filles* ; Sapho, une grande blonde, essaie de comprendre les *Demi-Vierges* et Inès dévore le nouveau roman les *Demi-Cocus*. La littérature fait concurrence aux brasseries, elle sert *des demis*. Dans ce milieu si calme, il y a cependant une certaine préoccupation causée par l'arrivée d'*une nouvelle* dont le succès a soulevé des jalousies intenses. Marguerite est entrée dans la maison depuis quelques jours seulement. Elle avait quitté sa famille pour se vouer à Vénus. Rebelle aux interviews, elle ne répondait que par monosyllabes aux questions dont on la pressait. *Madame* avait cependant donné à entendre à ses pensionnaires que Marguerite ne s'était jetée dans le désordre que pour y chercher l'oubli à la suite d'un amour contrarié.

La pendule sonna neuf heures.

— Qu'est-ce qu'ils font donc ce soir ? s'écrie la patronne avec humeur.

— Il y a un banquet des orphéonistes, dit Elisa. Ils viendront après les discours.

A ce moment, la porte de la rue est poussée, la clochette retentit. Ces dames changent de posture et se mettent sous les armes. Entre un jeune homme d'apparence distinguée, l'air triste. Il pousse un soupir et jette dans le salon un regard circulaire...

Tout à coup, il pousse un cri :

— Toi ici !

Il venait d'apercevoir Marguerite qui s'était levée pâle et frémissante et retombe évanouie sur le divan.

On s'empresse autour d'elle. On n'a pas à la délacer, — heureusement. — C'est à qui lui fera respirer des sels, de l'éther. Il se forme une singulière atmosphère de pharmacie, avec un mélange de musc et de patchouli. Marguerite ouvre enfin les yeux. Le regard suppliant, plein de caresses, elle tend la main au jeune homme.

— Albert, murmure-t-elle, Albert ! ô mon Dieu !

Et elle sanglote.

— Que s'est-il donc passé après mon départ ? demande Albert.

— Mes parents avaient dit leur dernier mot, les tiens ne voulaient rien entendre. Et pourtant ce mariage, c'était pour moi le bonheur, le bonheur complet. J'étais résolue à me résigner, à t'attendre, quand me vint l'horrible nouvelle. Tu partais. Ton père inflexible voulait nous éloigner l'un de l'autre. Je ne respirais plus le même air que toi. Alors une fureur me prit. Je te voyais, la nuit, dans les bras d'une autre femme... Lasse de souffrir, je quittai la maison paternelle ; le premier train en partance m'amena dans cette ville. Ma résolution était arrêtée, une résolution farouche. « Ne pouvant être à lui, me dis-je, je serai à tout le monde... » Et me voici !

— Et, demande timidement Albert, y a-t-il longtemps que tu habites cet établissement ?

— Trois semaines, répond Marguerite en baissant les yeux.

Albert fait une grimace.

— Voyons, mes enfants, dit la patronne, tout ceci est fort touchant, mais il va venir du monde... Puisque vous vous aimez, vous avez une bonne occasion de vous le prouver. Personne ici n'a rien à vous dire. Les regrets ne servent à rien et je trouve que vous perdez votre temps.

— Madame a raison, dit Marguerite ; viens !

Albert cède ; une irrésistible curiosité le pousse. Marguerite le prend par la main et tous deux sortent par la porte du fond.

Toutes ces dames sont très émues ; elles échangent leurs réflexions. Elisa essuie ses larmes.

— Ce sont les parents qui font tout le mal ! dit Sapho. Moi aussi, j'ai aimé quelqu'un, le fils Landirot, un voisin. Il était si beau quand il portait la hotte, aux vendanges ! Il marchait les bras croisés sur la poitrine et, d'un coup d'épaule, il déchargeait sa hotte dans la charrette. Il n'en tombait pas une grappe. Moi, j'étais pour l'épouser. Son père dit : « Va-t'en travailler en ville, et quand tu auras mille francs, tu pourras épouser Julien. J'y suis allée... travailler en ville, et me voilà !

— Il est gentil, le jeune homme de Marguerite, soupire Inès.

— C'est égal, fait observer Georgette, venir se marier ici, c'est une drôle d'idée !

Juliette propose timidement :

— Si nous allions regarder par le trou des vieux... dans la cloison ?

Madame interrompt avec sévérité :

— Laissez ces enfants tranquilles.

Sapho reprend :

— Quand il descendra, il faudra lui demander du champagne.

— On devrait lui prendre plus cher qu'à un autre, fait observer Georgette.

— Pour qui me prenez-vous ? répond Madame. Il paiera cent sous comme tout le monde. Je suis honnête, moi !

Deux ou trois visiteurs se succèdent au salon ; l'un fait ses conditions. On les accepte :

— Moi, Monsieur !

— Moi !

Un autre se montre si exigeant que Georgette prend un bouchon et se l'applique sur l'œil.

Enfin Albert et Marguerite reparaissent. Démarche molle et languissante : Roméo et Juliette.

— Mademoiselle Marguerite, on vous attend dans la chambre japonaise, dit Madame.

— Il faut que je te quitte, Albert, soupire Marguerite. Je n'oublierai jamais les instants que j'ai passés auprès de toi.

— Adieu, chérie, s'écrie Albert, adieu !

— Monsieur a réglé, dit la bonne.

Albert prend un dernier baiser sur la poitrine de sa bien-aimée, puis, tout à coup :

— Ah ! pardon, murmure-t-il ; j'oubliais...

Et il met la main à sa poche.

Marguerite l'arrête :

— De toi, jamais ! dit-elle avec force.

— Et, demandai-je à Koning, qu'avez-vous répondu à l'auteur de ce petit chef-d'œuvre ?

— Je lui ai répondu que je monterais sa pièce au Gymnase, dès qu'il aurait obtenu la suppression de la censure.

TABLE DES MATIÈRES

LE BONHEUR D'ÊTRE FOU	1
L'HONNEUR QU'EST QUE C'EST QU'ÇA ?	13
L'OUVREUSE	23
UN VIEUX SATYRE	29
ELVIRE VENGÉE	37
UNE SOIRÉE PARISIENNE	47
LES INNOCENTS	55
UN VOL	65
ÉLEVAGE	71
UN FUSILLÉ	83
FANTOME	95
L'INSOLENT	101
LA CAISSE DES BAISERS	107
LE BON NUMÉRO	113
LE BONHEUR DANS LA MORT	119
UN CAS DE NÉVROSE	127
RÊVE D'AUTOMNE	137
LE DERNIER MIRACLE	145
L'EMPREINTE	157

FORTUNE MANQUÉE	165
L'INFANTICIDE	175
LE CADAVRE ET LES FLEURS	187
LA DOUAIRIÈRE	193
UN DRAME DANS UNE CAGE	205
FILS DE DIEU	213
ÊTRE INVISIBLE	223
UNE SOIRÉE DANS LE MONDE	231
LE GRENIER	239
UN RÊVE D'EDGARD POE	249
UN MARI COLLANT	259
LA FLÈCHE D'OR	267
LOIN DES YEUX LOIN DU CŒUR	277
UNE NUIT D'AMOUR	289
THÉATRE DE MADAME	297

Saint-Amand (Cher), Impr. DESTENAY, Bussières frères.

www.ingramcontent.com/pod-product-compliance
Lightning Source LLC
Chambersburg PA
CBHW071517160426
43196CB00010B/1559